# 縄紋時代の実年代講座

小林謙一

同成社

# は じ め に

　本書は、2017年に刊行した前著『縄紋時代の実年代—土器型式編年と炭素14年代—』（小林 2017a）をもとに、縄紋文化の年代研究を勉強したい初学者のために、前著から内容を基幹となる部分に厳選し、年代的位置づけをわかりやすくまとめ直したものである。

　大学での講義のテキストとして使うことも意識して、最初に自然科学的な測定法の位置づけとして第1講を、最後に炭素14年代測定・較正年代からみた縄紋文化全体の年代的位置づけを第14講とするように、構成を講義の流れにそった第1〜14講に応じる形で大幅に変えた。

　そのほか、前著（2017a）の各章の内容をコンパクトに書き直し、個別の測定例や巻末に付したローデータは省略したが、必要に応じて内容を補ったほか、関東地方または東日本における型式ごとの推定年代は時期ごとに示すように残した。

　旧稿における明らかな間違いや、新たな知見により変更した箇所もある。細かな年代の見直しを含めて本書での記載を正とされたい。

　本書では、主要参考文献に絞ったため、年代値の報告の出典名になる調査報告書や学会発表要旨などは、特別に重要な事例以外は省いた。詳細なデータを必要とする場合は、前著（2017a）などを参照されたい。

　　　　　　　　　　　　　　　　　　　　　　　　　　　　小 林 謙 一

*iii*

# 目　次

はじめに

第 1 講　縄紋時代と年代 —————————————————— 1

第 2 講　炭素 14 年代測定の方法と較正年代 —————————— 7

第 3 講　炭素 14 年代測定法の検証とウイグルマッチング ———— 19

第 4 講　安定同位体比分析と年代値における
　　　　海洋リザーバー効果の影響 —————————————— 33

第 5 講　縄紋時代研究と炭素 14 年代の関わり ————————— 41

第 6 講　縄紋時代前半期の実年代 ——————————————— 63

第 7 講　縄紋時代中期の実年代 ———————————————— 89

第 8 講　縄紋時代後期の実年代 ———————————————— 111

第 9 講　縄紋時代晩期の実年代 ———————————————— 129

第 10 講　縄紋文化の始まりの年代 —————————————— 147

第 11 講　縄紋土器と住居の時間幅 —————————————— 153

第 12 講　盛土遺構の年代研究 ———————————————— 167

第 13 講　縄紋文化から弥生文化の年代 ———————————— 179

第 14 講　縄紋文化の年代的再構成 —————————————— 185

　　参考文献　　191
　　初出一覧　　209
　　おわりに　　213

# 縄紋時代の実年代講座

第 1 講

縄紋時代と年代

## 第1節　なぜ先史文化の年代を探るのか

　AMS（加速器質量分析計 Accelerator Mass Spectrometry）法を用いた炭素14年代測定による高精度編年が進展し、考古学的な年代把握に新たな展望が開けつつある。年代が定まらなければ、縄紋文化の世界史の中での評価、文化変化と自然環境の変化との対応関係の実態を明らかにすることはできない。第一の目的は、列島規模、東アジア、世界規模での文化史的・歴史的・自然環境史的な考古年代の再編成が目標となるが、まずは考古学的な相対年代として蓄積整備されてきた土器編年を、地域ごとに年代測定し、較正年代によって実年代を検討していくことから始めるべきである。その点、東日本縄紋時代は、十分な測定数が見込める上、土器編年研究がかなり整備されているといえる。これまで筆者は、縄紋時代中期を対象に、土器編年に炭素14年代測定を適用する作業をおこない、一定の成果をあげてきた（小林 2004a）。縄紋草創期〜早期については、列島の縄紋時代の開始期としてその年代的位置づけの重要性はきわめて高いものがある。縄紋前期〜中期は、遺跡数、特に集落が増加する時期であり、その年代研究は、考古学的にも意義が大きい。同様に、縄紋後・晩期についても、年代研究の必要性は高い。たとえば、縄紋晩期大洞諸型式土器群は、編年的な研究の蓄積も大きいが、列島規模で広域に広がる土器であることから、年代的なキーとなる。これらの実年代を比定していくことは、きわめて重要な意味をもつであろう。さらに現時点は、単なる年代比定から様々な考古学的課題に対して年代測定を適用していく段階に進みつつある。

　1998年の大平山元 I 遺跡の炭素14年代測定を契機に、縄紋文化研究におけ

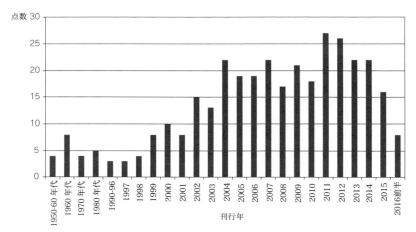

**図1** 縄紋時代を中心とした炭素14年代に関する文献数の年代別推移
（小林 2017b 改変）

る炭素14年代測定の重要性は増していった。論文・文献の出現数をみるだけで、その傾向はみてとれる。概略を示す意味で年度ごとの文献数を比較する（図1）。1999年から徐々に増加し、2002年から2004年頃に文献数増加の最初のピークを示し、その後おおむね横ばい状態となっており、活発な議論がおこなわれたといえる。さらに2011・2012年頃に文献数が再び増加する2回目のピークが認められる。その後、近年に至って炭素14年代測定や較正年代が一定の評価を得たためと考えられるが、文献数はやや減少しているようである。

　縄紋の年代研究においては、2000年代から2010年代前半期にかけて、以下の4点について議論がなされてきた。時期順にみると、一つ目は、縄紋時代草創期の土器の出現期に関わる年代研究である。辻誠一郎（2002）や工藤雄一郎（2012）に代表されるように、環境史との関連で縄紋文化の年代が語られるようになってきた。二つ目は、縄紋遺構の形成に関わる年代測定研究の適用で、主に縄紋時代中期の住居跡・集落を題材に検討がなされた（小林 2004a・2012bc）。三つ目は、弥生時代開始期の年代研究が縄紋時代晩期の位置づけの検討へと遡ってくる形で、縄紋晩期の年代観が議論されるなど、縄紋時代全期の実年代化が求められた（小林 2008b）。さらに、二つ目の話題と同じく山本直人（山本 1999）らが提起し筆者（2004a）が議論を進めてきたように、土器

型式の時間幅の問題にも迫るようになってきた。最後に、四つ目としては、炭素14年代測定から波及した議論の展開として、炭素13など安定同位体比の分析から縄紋文化の食性復元に迫る試みが、坂本稔（2007）・吉田邦夫（2006）・國木田大（2008）などから提起され注目されるようになり、年代研究に留まらない展開を示してきた。

　土器型式の広域編年上の齟齬は土器型式研究として検討する必要があり、その上で交差編年と年代測定結果に齟齬がある場合は、測定上の信頼性や測定試料の再検討についても検証される必要がある。測定結果がいつも土器編年と齟齬なく完全に一致するとはいえない（小林 2004a）。それは型式序列と層位的出土の関係と同じであり、矛盾がある場合はそこに理由がある。測定試料の確実性、試料におけるリザーバー効果の影響の有無（宮田 2009 など）、汚染除去や後からの汚染の可能性など、試料・測定の信頼性について検討（小林 2004c など）する必要がある。また層位的な逆転例の存在と同様に、古材の再利用（小林 2012c）、物質資料のライフサイクル、土器型式の寿命と消長におけるタイムラグ（小林 1997・2004a）、物質資料・文化の伝播の際の時間傾斜（小林 2009）、木材など資材の保管による伝世期間の程度（小林 2012c）など、考古学的コンテクストにおける背景を検討していくことができる。

　個別の測定例の蓄積と年代的検討を重ねていくことが重要であり、その上でこそ考古学的な先史時代の時代設定の概念定義や時代区分、文化区分の意義に迫る問題も明らかになってくる。いうまでもなく、弥生文化の始まりに関する問題は、縄紋晩期文化の最後の形を考えるということであり、また時代区分（時代概念の定義の検討も含めて）の問題も含む。まずは正確な年代づけを与えること、リアルタイムでの時間スケールによる文化的動態を明らかにすることの重要性を改めて訴えておきたい。実年代が明示された縄紋文化の年代的体系が定まることが、列島各地における時代区分・文化史的再構成の議論を理解し提起していく基盤となることを理解していただきたい。

## 第2節　様々な自然科学的年代測定法

　紀年銘資料や文献記録との対比が期待できる歴史考古学と異なり、直接的な

カレンダー表記を文字としてもたない先史時代を対象とした先史考古学においては、考古年代は相対年代すなわち層位による序列や型式差による形態変化による新旧の階段によって示されてきた。あわせて地質的情報（火山活動に伴う降下テフラを含む）・他地域の文献記録との対比（伝播・搬入などの考古学的コンテクストによる交差年代）・自然科学的な年代測定法との組み合わせによって、蓋然性が高い年代比定を目指してきた。日本列島の先史文化では、弥生・古墳時代においては中国大陸に文献記録との対比によって暦年代の比定が構築されてきたが、放射性炭素年代測定法（AMS法および較正曲線の改訂）の進展に伴い、大きな見直しの必要性が指摘されるに至った（いわゆる「弥生開始年代遡行論」（西本編 2009ab））。炭素 14（放射性炭素）年代測定法については後述するので、考古学において用いられるその他の年代測定法について、以下概観したい。

## ● 年代測定法の区分と炭素 14 年代測定の方法

　自然科学的年代測定法には、大きく分けて同位体の性格を利用した方法（炭素 14 年代測定法、酸素同位体比測定法）と、その他の化学的・物理的手法による方法（年輪年代、考古地磁気測定法、ルミネッセンス法、フィッショントラック法、黒曜石水和層法など）とに分かれる。また、時間経過の測定法と、その結果を年代に置き換える方法とが別途に存在する（較正年代の算出法など）。樹木年輪の酸素同位体比測定などのように複数の手法を組み合わせる手法も認められる。考古学研究における代表的な方法を簡単に概説した上で、最も一般的に用いられている炭素 14 年代測定法については、第 2 講で説明する。

### 1) 考古地磁気測定

　考古遺跡に残る土壌や岩石は、磁鉄鉱・赤鉄鋼など強磁性鉱物を微量に含み、被熱などによる残留磁気を獲得する。炉などの被熱した遺構面や土器・陶磁器は過去の地磁気の方向と強度を記録している。過去 2000 年間の地磁気永年変化が復元されており、窯跡・炉跡の磁化の方向を比較することで年代を推定できる（中島・夏原 1981）。近年は、磁化の方向性を失った遺物についても、強度の比較から年代を推定する方法が検討されつつある（菅頭・酒井 2018）。

### 2）ルミネッセンス法

熱、光などの外部からの刺激により、物質内の電子が励起されて発光する現象がルミネッセンスであり、土器焼成時の加熱や太陽光の露光によってゼロリセットされてから現在までの自然放射線量（蓄積線量）から年代を推定する方法が、ルミネッセンス法である。考古学において利用される方法としては、熱ルミネッセンス（TL）法と光ルミネッセンス（OSL）法がある（下岡 2018）。

### 3）年輪年代法および樹木年輪の酸素同位体比

樹木年輪年代法は、樹木の年輪幅の変動パターンを考古資料の樹木年輪幅を比較して年代を定める方法で、年単位で年代を決定できるが、年代既知の標準年輪曲線（マスタークロノロジー）が必要である。日本では年代決定に利用できる樹種が限られ、かつ最外年輪・辺材が残らないと伐採年が確定できないものの、弥生時代以降の考古木材資料に大きな成果をあげてきた（光谷 2007）。酸素同位体比年輪年代法は、「年輪セルロースの酸素同位体比」に置き換えたもので、樹種を問わずに年代決定でき、かつ夏期の降水量を反映しているため、気候変動についても復元できる（中塚 2015）。

その他の方法として、黒曜石水和層法、フィッショントラック法などが年代測定として開発されている。これらの詳細については考古学における自然科学分析の概説書（長友 1999、馬淵・冨永編 2000）を参照されたい。


**註**

（1）本書では、物理的なカウントで表現される時間経過を「実年代」、カレンダーで表現される年代を「暦年代」、IntCal を用いて計算した暦年代を「較正年代」、自然科学的手法によるカウントを「絶対年代」と表記することとする。

（2）縄紋時代・縄紋、文様・沈線文については、山内清男の用法に準じ、「紋」と「文」を使い分ける（大村 1994）。土器編年の時期区分については現在最も一般的と思われる小林達雄の区分に従う。よって、縄紋草創期と早期の区分は、撚糸紋期からを早期とする。

# 第 2 講

# 炭素 14 年代測定の方法と較正年代

## 第 1 節　炭素 14 年代測定法

　炭素 14 年代（以下、$^{14}$C 年代と表記）は炭素 14（以下、$^{14}$C と表記）の半減期を 5568 年とし、過去の大気の $^{14}$C 濃度を一定と仮定して、1950 年を起点とする計算上のモデル年代である。現実には大気の $^{14}$C 濃度は時間的変動があり、また計算に用いる $^{14}$C 半減期 5568 年は真の値（5730 年）からずれているので、木材の年輪など実年代の判明した資料を用いて $^{14}$C 年代と実年代の対応関係を定め、この標準となる対応関係を基準にして実年代に換算する。これを暦年較正（キャリブレーション）と呼ぶ。90 年代以降、較正曲線のデータベースの蓄積と高精度化が進み、過去 1 万年については高精度の暦年較正が可能となってきた。測定可能試料が幅広くなり、より実年代に近い年代のデータが増すとしても、考古学の側が、その年代のデータを有効に用いるためには、考古学側・分析側両者が、緊密な協業作業のもとに試料を選定し、結果を出土状況や土器編年にフィードバックしつつ、資料選択や得られた測定結果の妥当性について検証を重ねる必要がある。

　近年、考古学研究において $^{14}$C 年代測定が重要性を増すようになってきた。それは、1990 年代後半以降における二つの要因が背景となっている。

　第一に、AMS（Accelerator Mass Spectrometry：加速器質量分析計）法による $^{14}$C 測定の進展とその感度、精度、測定効率の向上である。AMS 装置は、1980、1990 年代を通じて、技術的革新・改良が続けられ、0.5〜1.5 ミリグラムの炭素試料を、$^{14}$C 測定精度 0.3〜0.5％（炭素年代換算で ±24〜±30 $^{14}$C BP）、年間 2000 点以上測定できるような比較的小型の装置が商業レベル

で開発され、1990年代中頃から日本を含む世界の多くの施設で相次いで導入され始めた。その結果、感度と測定効率で圧倒的に優位にある AMS 法が、精度においても従来の$\beta$線計数法（放射線計数法）と肩を並べるかそれを凌駕するレベルとなり、$^{14}$C 測定は技術的に一つの転換点に達したといえる。

　第二に、$^{14}$C 年代値を暦年代（＝実年代）へ変換するための「暦年較正データベース」の国際レベルでの整備・標準化と、その精密化である。近年、$^{14}$C 濃度をもとに計算される $^{14}$C 年代値（モデル年代）を暦年代に変換して議論することが、研究の標準になっている。たとえば暦年較正データベースの1998年版である「INTCAL98」は、過去24000年までの暦年較正値を与えるが、11700年までは、ヨーロッパおよび北アメリカの北半球の年輪試料の精密な $^{14}$C 測定を基礎にした、10年ごとの較正値となっている（Stuiver *et al.* 1998）。すなわち、新石器時代以降の年代研究については、実年代を詳細に議論するための環境が整ってきたのである（小田・山本 2001、辻・中村 2001）。

　そうした研究動向の一環として、国立歴史民俗博物館において、今村峯雄を中心とした研究グループが、高精度 AMS 炭素年代測定法を考古研究・歴史研究へ積極的に活用する研究を推進してきた。国立歴史民俗博物館では、試料の前処理をおこなうことができる炭素年代資料実験室を整備し、試料の観察などのための各種装置、化学的洗浄のための設備と装置、炭酸ガス化と精製ならびにグラファイト化のための装置、AMS 測定用試料充填プレス装置などを置き、AMS の前段階の作業を一貫しておこなう体勢を整えてきた。特に2001年度から2008年度にかけては学術創成研究など大型の科学研究費が配分された国立歴史民俗博物館の年代測定研究グループ（西本編 2009a）を中心に、年代測定が積み重ねられてきた。筆者も、国立歴史民俗博物館における縄紋時代の年代測定に関わることができ、その試料収集・処理に携わった。そして、その年代研究を縄紋時代の社会復元に適用しようと努めてきた（小林 2004a など）。その際には、用いる試料の信頼性について担保するため、2001年度以降の、筆者自らが採取し、前処理をおこない、国立歴史民俗博物館を通して年代測定をおこなった試料に限ることとした。過去のデータや現在他機関がおこなっている測定例を含めると、同一の基準で比較検討することができず、精度の問題もあるが、なによりも用いた試料を十分に吟味できないという弱点がある

ためである。幸いに、関東地方を中心とした縄紋時代中期の測定例は、過去に測定されてきた測定例に遜色のない数を得ることができ、同一の基準で得られたと捉え得るデータを揃えることができた。しかし、それだけでは測定数に限界が生じるため、適正な方法で試料選定され測定された例を他機関からも集成する必要がある。

　従って、その前提条件として、AMS$^{14}$C年代測定の概略と信頼性を、特に本書に示す研究で用いた試料に即して説明しておく必要があり、記すこととしたい。

　以下では、研究の基礎データとなっている$^{14}$C年代測定のデータについて、試料の処理・測定方法と、暦年較正についての方法と考え方を示す。具体的な土器型式ごとの年代的位置づけや縄紋文化の年代的検討については、第6〜14講において論じていくこととする。

## 第2節　測定試料の採取

　$^{14}$C年代を基準にした縄紋時代の編年は、これまで散発的ながらおこなわれてきた。しかしながら、従来の関連研究を概観すると、その基礎となる年代データの精度もさることながら出土状況の把握や試料の選択などに問題のあるケースが、しばしば見受けられた。

　そこで、筆者が関わる試料採取では、土器型式との関係が明確な対象を選んで、土器付着物（焦げ・煤など炭化物、漆を含むがアルカリ溶解物は除く）・遺跡内出土有機物（堅果類・炭化種子・木材・炭化材を含むが土壌は除く）について、試料採取の上、顕微鏡観察や炭素含有量の測定をおこないながら、前処理までは同一基準で処理した。

　東日本を中心に、土器型式との関係が明確な対象を選んで、本州島東側の縄紋時代草創期〜晩期の土器付着炭化物・集落内出土炭化材を中心に、放射性炭素同位体比をAMS法によって測定し、$^{14}$C年代を得た上で、国際標準であるINTCAL較正曲線を用いて暦年代の推定をおこなった。ここでは試料収集と試料の状況を示すために時期を限って説明する。2001・2002年度および2003年度上半期に、北陸・中部・関東・南東北において、約150遺跡から、約

1500試料を土器・遺跡から直接採取した。このうち600試料ほどが縄紋時代中期の試料である。2003年8月までに、神奈川県藤沢市湘南藤沢キャンパス内遺跡（以下、SFC遺跡と略記）と、東京都目黒区大橋遺跡の44試料を含む360試料について測定結果が得られた。このうち172試料ほどが、中期を中心とした縄紋時代前期末葉から後期初頭までの試料で、62試料ほどが縄紋時代後晩期および弥生時代初頭の試料、56試料ほどが縄紋草創期から前期の試料であった。このほか、14試料ほどが韓国無文土器、数試料が中国関係の試料であるほか、日本の試料としても旧石器時代および弥生時代から近世の試料数点を含んでいた。

　試料の採取においては、以下の点に注意を払った。

　木材・炭化材試料では、材のなるべく外側から測定試料を採取するとともに、顕微鏡観察によって樹種同定を試み、クリ・コナラなどの環孔材を選んだ。また、枝材があるときはこれを優先し、根・樹皮の部分は避けた。

　土器付着炭化物では、土器自体への付着状況を観察し、記録化するとともに、内面（焦げ）および外面付着（煤、吹きこぼれ）炭化物を部位とともに区別し、外側の場合は文様内にこびりついている付着物を優先して採取した。試料は、しばしば土器の接合や固定のための各種の合成有機物（バインダーや接着剤、注記など）の汚染の影響を受けている可能性があり、試料採取ではそれらを避けることに細心の注意を払った。また、脱脂綿などで包まれていた土器などについては、顕微鏡下で脱脂綿を除去した。脱脂綿の繊維に含まれる新しい炭素が年代値に影響を及ぼすためである。したがって$^{14}$C年代測定用の土器付着物試料などを保管する際は、アルミホイルを使用することが望ましい。

## 第3節　試料の処理と測定

### 1. 試料の処理

試料については、以下の手順で試料処理をおこなった（図2）。

① 前処理：有機溶媒による油脂成分などの除去、酸（Acid）・アルカリ（Alkali）・酸（Acid）による化学洗浄（AAA処理）。

② 炭酸ガス化と精製：酸化銅により試料を酸化（炭酸ガス（二酸化炭素）

第2講　炭素14年代測定の方法と較正年代　11

土器外面付着物

付着炭化物の採取

採取試料

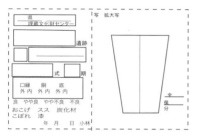
記録カード

出土木材の年輪試料採取(三鷹市教育委員会蔵)

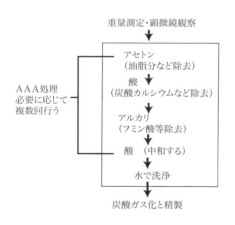
試料前処理(土器付着炭化物の場合)

前処理(酸-アルカリ-酸処理)

炭化物実体顕微鏡写真

図2　試料の採取と処理

化）し、精製して不純物を除去。

③ グラファイト化：鉄（またはコバルト）触媒のもとで水素還元しグラファイト炭素に転換。

①については、筆者が扱ったほとんどの試料は国立歴史民俗博物館年代測定実験室において、以下の手順で前処理として汚染付着物除去およびフミン酸などの除去をおこなった。②③の処理については、(a) 山形大学や東京大学総合研究博物館へ、または地球科学研究所（株）を通じ送付したベータアナリティック社（Beta Analytic Inc., USA）など測定機関へ、炭酸ガス化と精製、グラファイト化および AMS による $^{14}$C 測定を依頼した場合、(b) 国立歴史民俗博物館において、炭酸ガス化と精製をおこない、グラファイト化と AMS による $^{14}$C 測定を、測定機関へ依頼した場合、(c) 国立歴史民俗博物館において、炭酸ガス化と精製、グラファイト化をおこない、測定機関へ AMS による $^{14}$C 測定を依頼した場合の 3 通りの方法をとった。

### 1) 前処理：有機溶媒による油脂成分などの除去および AAA 処理

まずアセトンに浸けて振とうし、万一混入する可能性があった場合を考え、バインダーや接着剤などの不純物を溶解させ除去した。2012 年度からは処理した試料についてはクロロホルムとメタノールを容量 1 対 1 で混合した溶媒（CM 混液）による 30 分の還流を 2 回おこなった。次いで、アセトン中で 5 分間の超音波洗浄を 2 回おこなった。この操作で、油分や接着剤などの成分が除去されたと判断できる。次に AAA 処理として、それぞれ 80℃ で 1 時間ずつの処理として、まず希塩酸（1N-HCl）で岩石などに含まれる炭酸カルシウムを除去（2 回）し、さらにアルカリ（NaOH）でフミン酸などを除去する。N は規定度（Normality）で、Ht、OH–の mol/L を示す。酸の場合、1mol の Ht を出しうる酸の量を 1 グラム当量とし、溶液 1L 中に含まれる溶質のグラム当量を規定度という。炭化材・漆試料は土器付着物は 1N-NaOH で 3 回以上、土器付着炭化物の場合は 1/10 に希釈したアルカリ溶液（0.1N-NaOH）により、2 回以上処理をおこない最終的に 1N-NaOH で処理して、着色がおおむねなくなったことを確認した。粒子が細かったり、炭化が不十分なほど、土器付着の煤や焦げは水酸化ナトリウム水溶液に溶解しやすく、最初は希釈した NaOH によって処理したことを示す。着色がなくなるのは汚染が除去できた

証拠であり、十分に汚染が除去できていないと測定値に影響を及ぼすおそれを否定できず、信頼性にかかわる。さらに酸処理により中和した後、洗浄水が中性となるまで、純水により数回（通常は4回程度）洗浄した。

　回収された炭化物の量の少ない例以外は、回収された炭化物の半分程度（2 mg程度を基準とした）を年代測定用試料とした。

### 2) 炭酸ガス化と精製、グラファイト化

　(b) (c) の手順を採用した場合、以下の通りである。AAA処理の済んだ乾燥試料数ミリグラム〜十数ミリグラムを、約500 mgの酸化銅とともにバイコールガラス管に投じ、真空に引いてガスバーナーで封じ切った。このガラス管を電気炉で950℃、2〜3時間加熱して試料を完全に燃焼させた。得られた二酸化炭素には水などの不純物が混在しているので、ガラス真空ラインを用いてこれを分離・精製した。

　炭化材や良好な土器付着炭化物では、平均して炭素換算量にして60%程度にあたる二酸化炭素が精製できた。漆塗膜の場合は、それ以上の炭素含有量が認められ、逆にやや不良な土器付着炭化物の場合には、低い炭素含有量の試料も認められた。この段階において炭素換算量で10%以下の回収率となる試料については遺存不良（経験則により測定しても異常値となるケースが多いため）と捉え、$^{14}$C年代測定は保留している。

　0.1〜1.5 mgのグラファイトに相当する二酸化炭素を分取し、グラファイト作成用に用いた。(c) のケースでは、水素ガスを導入し、二酸化炭素と水素をバイコールガラス管に封じた（$CO_2 : H_2 = 1 : 2.2$）。これを電気炉で加熱してグラファイトを得た。管にはあらかじめ触媒となる鉄粉が投じてあり、グラファイトはこの鉄粉の周囲に析出する。グラファイトは鉄粉とよく混合した後、穴径1 mmのアルミ製カソードに60 kgfの圧力で充填した。

## 2. $^{14}$C 年代測定

　$^{14}$C測定は、1990年代後半からはAMS（加速器質量分析計 Accelerator Mass Spectrometry）法の導入により、1 mgという少ない試料で数多くの試料を高精度に測定できるようになってきた。AMSは日本国内では数カ所の測定機関が運用しているが、特に年代測定の実績がある機関として、名古屋大学

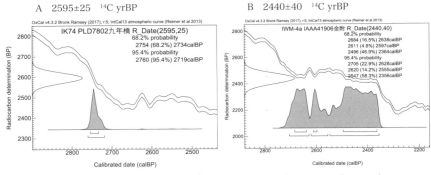

**図3** 炭素14年代測定値の暦年較正（OxCal 4.3（Ramsey 2009）による）

（測定機関番号NUTA）、パレオ・ラボ（機関番号PLD）、加速器分析研究所（機関番号IAAA）、東京大学タンデム加速器研究施設（機関番号MTC）、山形大学高感度加速器質量分析センター（機関番号YU）、東京大学総合博物館（機関番号TKA）などが数多くの委託を受けて測定をおこなっている。またその他、海外の機関を含むが、地球科学研究所を通じベータアナリティック社（測定機関番号Beta）に委託し測定することもおこなわれている。ベータアナリティック社は、世界各地の加速器施設と契約し$^{14}$C年代測定をおこない、独自にデータの評価分析をおこなっている。加速器分析研究所などに依頼する場合は、標準の$^{14}$C試料とブランク試料（$^{14}$Cを含まない炭素を担体として試料精製して得られたもの）を、各数試料同時に測定した。これによって試料処理における汚染の評価、データの再現性評価を独自におこなったケースもある。

AMSでは、グラファイト炭素試料の$^{14}$C/$^{12}$C比を加速器により測定する。正確な年代を得るには、試料の同位体効果を補正しなくてはならないが、$^{13}$C用ガス試料を質量分析計により測定し、$^{13}$C/$^{12}$C比を調べ補正する。$^{13}$C/$^{12}$C比は通常、標準からの偏差値$\delta^{13}$C（パーミル、‰）で示される。補正した$^{14}$C/$^{12}$C比から、$^{14}$C年代値（モデル年代）が得られる。測定値の同位体補正は1980年代ころから一般化している。

## 3. 較正年代

　1980 年代より、樹木年輪を利用して $^{14}$C 年代を樹木年輪年代に対比させ暦年代を推定する較正年代のための較正曲線（IntCal）が提示され、OxCal（Ramsey 2009）などベイズ統計（Bayes statistics）の考え方を取り入れて統計数理的に扱う暦年較正プログラムも改良されてきた。すなわち、測定値と較正曲線データベースとの一致の度合いを確率で示すことにより、暦年代の推定値確率分布として表す。IntCal13（Reimer *et al.* 2013）では、水月湖湖底堆積物の過去 5 万年間の年縞などの利用で、樹木年輪のない 11500 年前以前の旧石器後期～縄紋草創期の実年代比定の精度が高まった。

　図 3 は IntCal13 とベイズ統計を用いるプログラムの OxCal Program $^{(1)}$ による較正年代の計算例である。A は岩手県九年橋遺跡の縄紋晩期大洞 C 2 式終末期の A 式移行期の土器 IK74 の口縁内面付着物を測定したもので 2595±25$^{14}$C BP である（小林ほか 2006b）。B は岩手県金附遺跡の弥生前期砂沢式に並行する可能性もある大洞式 A′土器 IWM4a 口縁外付着物の測定結果で 2440±40$^{14}$C BP（小林ほか 2006c）であり、それぞれ OxCal プログラムで較正年代を算出する。A は 2595±25$^{14}$C BP の測定値を IntCal13 の較正曲線に当てはめると 2σ の有効範囲で 2760-2720cal BP（1950 年起点）と較正年代が絞り込めるが、B の炭素 14 年代 2440±40$^{14}$C BP の場合は過去の $^{13}$C 生成量の変動の影響で較正曲線のグラフが横に寝ているように平たい範囲であるため、複数の較正年代が相当してしまい、2705-2630cal BP に 22.9%、2620-2555cal BP に 14.2%、2545-2355cal BP に 58.3% の確率で相当し、あわせて 95.4% の 2σ の有効範囲となり、実年代の推定は絞り込みにくい結果となる。特に紀元前 750～紀元前 400 年の頃の較正曲線は横に長く伸びており（図 3 右）、この実年代に含まれる試料の $^{14}$C 年代測定値は 2400$^{14}$C BP 台の測定値となってしまい年代が絞りにくいことから「2400 年問題」と俗称されている。

　以下、炭素年代は $\delta^{13}$C 値を用いて補正された炭素年代で BP、暦年較正は 95% の信頼限界で計算し、cal BC（紀元前）または cal BP（1950 年基点）で表記する。ベイズ統計的な考え方では、ある較正年代に対する推定確率 α（測定値と較正曲線で与えられる確率）×（ある較正年代に対してその試料を手に入れる確率）である。各年代の推定確率は全確率の総和に対する割合となり、本

書では統計誤差の2標準偏差に相当する95.4%の信頼限界を含む範囲を計算して示した。

本書では、詳細な年代を高精度で求めるため、単体の測定値だけではなく、様々な推定をおこなった。同一木材より複数の年輪から採取できる年輪試料（図2右側2段目の写真）では、ウイグルマッチングをおこなった[2]。同一の試料または同一の年代を示すと考えられるグループを複数回測定しているデータの測定値をまとめる場合は、OxCalの関数を用い統計計算した[3]。土器型式ごとの年代を推定する上でも、OxCalの関数を用い統計計算した[4]。

### 註

（1）OxCal（Bronk Ramsey 2009）は、時系列情報に対する解析を目的として設計された年代較正解析プログラムで、公開されている。

ORAU　OxCal（version 4.3）

University of OXFORD

https://c14.arch.ox.ac.uk/oxcal.html

OxCalプログラムの使用にあたっては、大森貴之によるマニュアルを参照した。

OxCal 4.1 マニュアル（25/2/2010）

大森貴之（名古屋大学環境学研究科年代測定総合研究センター（現名古屋大学宇宙地球環境研究所年代測定研究部））（現職東京大学総合研究博物館）

http://www.nendai.nagoya-u.ac.jp/research/oxcal/manual/oxcalhelp/hlp_analysis_eg.html

（2）ウイグルマッチングの算出には、註（1）に示したOxCalのD_Sequence関数を用いた。これは、$^{14}$C年代測定された樹木年輪のウイグルマッチングに対して使用され、特殊な方法でデータをまとめるプログラムである（Bronk Ramsey 2001）。D_Sequence使用時にはGap（ ）コマンドを併用し、連続する各要素の時間的な間隔を定義して用いる。註（1）大森によるマニュアル参照。

（3）同じイベントに属す（同時期に同じ放射性炭素リザーバーから炭素固定した試料の）放射性炭素年代は、年代較正する前にまとめるのに、OxCalのR_Combine関数を用いた。註（1）大森によるマニュアル参照。

（4）土器型式ごとの年代を推定するために、註（1）に示したOxCalのSequence関数によってデータに制約を加え、イベントグループを定義した。イベントグループはなにかの関係性がある各イベントの集合で、個々のイベントを含んだグループ全体を解析する場合に使用する。ここでは、土器細別型式を一つのイベントグループと定義し、Phases関数でまとめ、イベントグループの存続期間を見積もる方法を

とった。

　あわせて Boundary 関数によってグループ属性を定義する。グループ属性の定義をおこなわない場合、そのモデルを構成するすべてのイベントに関連性がなく独立していると定義することになり、このような定義のもとでは、構成するすべてのイベントを集合として扱ったり、グループ属性から反映される出力結果を得ることができない。最もよく使用するグループ属性は、一様分布でグループの開始から終了までの間で、各イベントは一様に分散していることを意味する（Buck *et al.* 1992）。数学的にいえば、このグループに属する各イベントの事前確率がグループの存続期間内で一定であることを意味している（Steier and Rom 2000）。複数の層（グループ）を扱うにあたり、各型式の順序が考古学的な情報から推測されている場合のモデル（ただし、各型式は連続的に変遷）を採用した。このモデルから、ある型式からある型式への転換期にあたる年代を見積もることができる。

　本書第 6 講以降の分析では、同一地域内の型式の編年順序をそれぞれのイベントグループの順番と規定した。註（1）大森によるマニュアル参照。

第3講

# 炭素14年代測定法の検証とウイグルマッチング

## 第1節 測定試料の概略と年代測定の信頼性の検証

図4は、2001年度から2003年8月までの段階で、国立歴史民俗博物館年代測定グループとして筆者が2000年から2004年度におこなった年代測定試料348例の、種類別の内訳である。

採取にあたっては、基本的には、1遺跡において10例以上の測定結果を得ることと、土器付着物と炭化材などをバランスよく採取するように努力したが、もとより遺跡の状況によって条件は異なり、1遺跡で20例近い結果を得た遺跡もあれば、多数の試料を採取しながら、遺存状態が不良で1例の結果を得るのみ、場合によっては結果を得られない遺跡も多く存在している。試料の種類も、低湿地遺跡、貝塚、集落など遺跡の状況に大きく依存し、また土器付着物は土器の器形などによる影響か、時期によって集めやすい時期と集めにくい時期とが極端に存在した。その結果、時期・地域にかなりの偏りが認められる。今後、試料の蓄積を図り、偏りのないように努める必要があるが、縄紋前期末葉や中期中葉・後葉など、多くのデータが揃った時期については、結果的に1遺跡で多数のデータを得た遺跡(石川県上安原遺跡、神奈川県SFC遺跡、東京都大橋遺跡など)と、同時期で少数のデータしか得られなかった多数の遺跡(中期後半でいえば、東京都三矢田遺跡、神奈川県伊勢山遺跡、三の丸遺跡など多数)をあわせみることで、より有意義な検討結果を得ることにつながると考える。

AMS測定法の内容など、技術的な部分については踏み込まないが、測定結果の信頼性に関連して、複数機関の測定結果に整合性があるかどうかについて

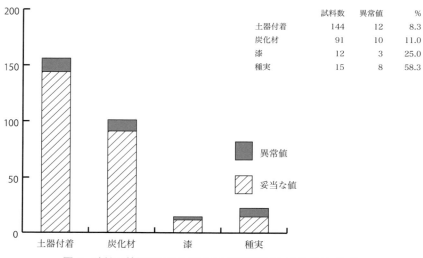

**図4** 試料の種類別にみる炭素14年代異常値（小林 2004c 改変）

触れておきたい。名古屋大学をはじめとして、測定機関間の相互検証は、組織的におこなわれているが、それとは別に、結果的に複数機関で同一試料を測定した事例が、筆者が直接関わった中にも4例以上存在する。その結果は、すべて測定誤差の範囲に収まり、基本的に同一の測定結果を得ている。よって、測定機関による差異は、少なくとも機関が違うために差異が生じるということは、統計的には認められない。

次に、考古学的状況と対応させて、測定結果が整合しているかを、考えてみたい。同一遺構出土の土器付着物と炭化物などの性格の異なる複数試料について測定した事例が、2004年度の段階で6例以上あった（その後にも岩手県力持遺跡、長野県長峯遺跡・聖石遺跡などの事例が増している）。このうち、東京都向郷遺跡1号土壙K2土器とその他の土器および炭化物、大橋43号住居の覆土中土器付着物と、炉内炭化物の測定では、土器付着炭化物が明らかに古く測定され、前述した炭素含有率の検討（第2講第3節）などから、土器に付着していた炭化物が脆弱で、土器胎土や土中の鉱物が多数混入した結果、古くなったものと考える。この2例以外は、きわめて整合的である。同一遺構出土の複数の土器付着物、あるいは同じく複数の炭化物の測定といった、同一の種

類の複数測定試料については、20例以上の多数の事例がある（東京都多摩ニュータウン No.520 遺跡、長野県箕輪町荒城遺跡、神奈川県川尻中村遺跡、福島県馬場前遺跡など多数）。これらの例でも、いくつかの事例では、炭化材試料のうち一方に新しい年代を示す例が存在し、炭化物自体が混入した可能性あるものが含まれていたが、ほとんどの事例では、誤差範囲内に収まる。

　こうした事例以外でも、たとえば同一土器の裏表の付着物（多摩ニュータウン No.243 遺跡 TTN243-68a と b は裏表の付着物、向郷遺跡１号土壙 K１土器の MGH6733 と 8822 は胴部と底部内面付着物）、同一の飾り弓の樺樹皮と漆塗膜部分（千葉県西根遺跡の NG2）などは、すべて誤差範囲に収まり、測定結果の信頼性が高いことの傍証となっている。

　なお、筆者の考古学的見解を、測定結果から改訂せざるを得なかった事例が、3例ある。一つ目は、長野県御代田町川原遺跡の底部破片を、加曽利 E１式と判断していたが、測定結果および出土遺構の確認によって、縄紋中期中葉の焼町土器古期の土器であると判断した例（小林ほか 2004a）、二つ目は SFC 遺跡の 11 号集石について、調査所見では縄紋中期と判断していたが縄紋早期に帰属させるべきとした例（小林ほか 2003a）、三つ目は多摩ニュータウン No.243 遺跡の赤彩注口土器破片（TTN243-68）について、縄紋中期末葉の瓢形土器と考えていたが、測定結果と実測図作成の結果、堀之内１式と捉えた例（小林ほか 2004b）である。ほかに、30 数例の考古学的知見と明らかに整合しないデータ（異常値）については、試料自体が混入した場合、汚染が除去されていない場合がほとんどであると考える。原因不明の不適合の試料も存在するが、中には、ラベルの取り違いなど、人為的なミスも含まれている可能性があろう。最終的な時点で取り違いに気が付いた事例が、筆者が扱った約 1000 試料の処理中に 4 例存在し、また測定機関などによる番号の取り違いが 2 例、確認されている。

　なお、汚染処理の方法は、おおむね各機関において共通しているが、細かな点では違いがある。また、これまで考慮されていなかった汚染が、縄紋土器を扱う中で認識された例がある。それは、土器を保存処理するための有機溶剤の塗布である。発掘中の取り上げ時や、整理時にバインダーなどの溶剤を塗布し固めてある場合、通常の AAA 処理だけでは除去できない場合が、栃木県仲内

遺跡の試料処理において確認された。通常の処理だけをおこなった試料を年代測定したところ、複数の土器付着物試料で数百年古いと思われる測定値が得られたため、同一試料の保存分を用いてアセトン処理を加えた処理をおこなったところ、すべて整合的な測定値を得ることができた（小林・今村 2006）。同様の例は、長峯遺跡の MN40 などの試料処理においても確認している。土器を保存処理することの多い、日本考古学ならではの問題点といえるであろう。

　汚染処理に万全を期しても、明らかに異常な年代（暦年較正年代で 200 年以上ずれると筆者が判断した場合）を示す例が、2004 年までに測定した縄紋時代を中心とした 262 測定例（考古学的な時期比定ができないもの、および上記の再処理分や複数測定例を除いた数）のうち 33 例存在した（図 4 の異常値）。このうち、土器付着物については 10% 弱異常な値をもつ試料があり、ほとんどの場合、明らかに 200$^{14}$C 年以上古い年代を示す。炭化材については、10% 強の率で、この場合は明らかに新しい年代を示す場合が多い。種実の場合は、測定数が少ないため同列に論じられないが、かなりの場合、明らかに新しい年代が示された。漆試料も、測定数が多くはないが、古い年代を示す場合がある。

　炭化物・種実の場合は、火災住居の炭化材など大型の材では大きく外れることはなく、微細な試料について年代が異常である場合が多いことから、試料自体がその期待する時期のものではない可能性が高いと考える。すなわち、層位や遺構などで、共伴する土器と同一の時期と判断される場合が多いが、かなりの率で混在を避けられないものと考えるべきであろう。特に、種子の場合、水洗選別などで得られた試料などでは、遺跡によっては縄紋時代の種子と想定された多くについて、平安時代・江戸時代・現代の年代を示す場合が存在した。また、低湿地遺跡である是川中居遺跡の種実の場合は、層位的に異なる種実がすべて同一の年代を示すなどの状況から、下層の種実廃棄層から浮き上がって各層に包含されていた可能性も考えられる。層位的共伴など、考古学的データの帰属に関わる問題であり、事例を増して、検討していく必要がある。

　古い年代が測定された漆の場合には、漆製品の場合に木胎部分を含んで測定し古く出ている例と、漆容器中の生漆の場合に漆以外の炭素を多く含んでいたと考えられる例との 2 者が認められた。また、漆片など断片的な試料の場合に

は、想定される時期より明らかに新しい場合が含まれ、炭化材・種子の場合と同様に、層位的な帰属の判断に再考を促す事例が認められた。

土器付着物については、海産物の調理の場合、海洋リザーバー効果の影響によって古い年代が得られる場合がある（第4講参照）。筆者が関わった事例では、貝塚の出土土器で $\delta^{13}$C 値が、通常の陸生植物に比べ重い値である稲荷山貝塚出土土器付着物の2点と、神奈川県平塚市原口遺跡の清水天王山式の土器付着物が、やはり $\delta^{13}$C 値が重く、海産物に関わる炭化物の可能性が考慮された。

それ以外の土器付着物での異常値9点のうち新潟県津南町道尻手遺跡の縄紋中期後葉土器は、約25000$^{14}$C BP という極端に古い年代を示す。これについては、アスファルトなど、焦げ以外の炭素である可能性を考えたい。また岩手県力持遺跡の縄紋前期末葉の住居から出土した大木8a式土器付着物は、前期末葉頃の年代を示し、埋没し混在した後に付着した可能性が高い。これらのほかの7例については、向郷遺跡1号土壙K2土器や大橋遺跡43住出土土器などが含まれる一群であるが、上述のように炭素含有率が、通常では50～60%程度含まれるのに対し、これらの異常値の試料は10%程度の炭素量しか得られなかった試料である。顕微鏡写真（図2右下写真）によっても炭素としての試料の質が不良かどうかは検討可能である。結果的に古い年代が測定された試料の中には、実体顕微鏡で観察すると、白色鉱物が多量に混合している場合がある。可能性としては、土壌中の炭素や、土器胎土自体を混入した場合に、古い炭素が微量混入することによって、数百年程度古い数値を示した可能性が考えられる。結果的には、こうした不良な炭化物の年代測定は、初期の頃に多く測定してしまったが、最近では炭素含有率の低い試料は年代測定していない。型式学的位置づけがしやすい精製・装飾のある優品には、炭素の付着が少ないことが多く、無理して年代を測定しようとして、結果的に土器胎土を含めて採取してしまった可能性が考えられる。以上のような、炭化物の検討については、年代測定用試料としての確実さを出土状況・試料の由来・汚染除去・試料自体の性格など多様な点から吟味し、また適切な試料選択の基準の点からも検討を重ねていく必要がある。

以上に検討してきたように、年代測定試料は、共伴関係や付着する土器の型

式学的検討が可能であるなど考古学的に年代が確定でき、かつ資・試料が公表され層位や出土位置のドットが明確で後から検証できること、試料自体の状態が良好で前処理から AMS 測定までの状況が報告され検討できること、試料の炭素含有率や安定同位体比などが検討できることが必要である。そうした情報が把握できる試料として、筆者が直接または国立歴史民俗博物館年代測定グループなどを通して関わってきた試料を中心とし、かつレポートなどで報告した測定事例を中心に扱ってきた。[1] しかしながら、個人または 1 機関での測定では十分なデータ数が揃えられないことも自明である。本書では、到底、全公表データを収集しているとはいえず、時間的物理的制約からむしろ一部の目についた他機関の公表データをある程度用いたという程度に過ぎないが、広く集成したデータを元とすることにした。集成データについては、紙数の都合から本書には掲載できず、WEB 上で公開しているので、参照されたい。[2]

## 第 2 節 ウイグルマッチング

年輪試料が多数得られる木材試料では、年輪ごとにその年輪生育時点での大気中の $^{14}$C 濃度が反映しているので、たとえば 100 年輪を数える木材の最外年輪はその材の枯死時点（人為的に伐採されていれば伐採年）、最外年輪から 10 年目を数える年輪試料は最外年輪から 10 年前の $^{14}$C 濃度、n 年前は n 年前の $^{14}$C 濃度というように試料の $^{14}$C 年代に反映されており、100 年輪目は 100 年前の濃度を反映する。低湿地遺跡などで出土する生木材では 5 年輪、10 年輪のブロックで採取することが一般的であるが、縄紋中期・後期で比較的よく得られる火災住居では、クリ材・コナラ材などの広葉樹の場合、炭化しているために数年のブロックで採取するよりも 1 年輪で採取した方がやりやすいこともあって、下記で示す事例では 1 年輪ごとの試料を最外年、10 年目の年輪、というように採取している場合が多い。また、樹幹中心部（腐食して空洞となっている場合は最も内側の年輪）を、たとえば 25 年目、34 年目などとして採取した。これら相対的な年代差が判明している複数の年輪試料の $^{14}$C 年代値を用いて、既知の年輪試料である較正曲線のデータとあわせることで較正年代を推定する方法として、IntCal13 (Reimer *et al.* 2013) と OxCal v4.3.2 の Sequence 関数（Bronk Ramsey *et al.* 2009）を用いてウイグルマッチングをおこなう。

ウイグルマッチングは、樹木の年輪など時間間隔が一定（10年ごとのセット）である試料群の$^{14}$C年代測定を、過去の大気中の$^{14}$C生成量の変動を反映している較正曲線（年代が既知の年輪試料の測定値）との対比によって、変動パターンのマッチングにより高精度に実年代（年輪年代）を統計的に絞り込むことである。それがその住居の構築年と床面上に遺存する土器型式の時期の基準となる（その土器の使用された一時期がその年代付近にあたることを示す）。ただし、精度の高いウイグルマッチには100年輪が望まれ、少なくとも30年以上は年輪数が必要とされる。上記のような縄紋竪穴住居構築材の多くはクリ材を用いており、年輪が30〜40年程度のものが多く、堰口遺跡例は20年程度の年輪であってウイグルマッチングとしての確度は高くない。しかしながら数を重ねていけば、単独の測定例よりも有効と考えられる（たとえば國木田ほか 2006・2016）。

以下に、年代推定の精度を上げる事例として、縄紋中期の火災住居出土の構築材によるウイグルマッチングの事例である堰口遺跡47住、長峯遺跡SB113住、笹ノ沢（3）遺跡を示す。

## 1. 北杜市堰口遺跡47号住居の炭化材の年代測定によるウイグルマッチング

堰口遺跡YNHS-C1・C2・C3とした第47号住居（新地平編年8a期並行（小林 2004a））の完形土器を床面に伴う縄紋中期藤内2式期火災住居について検討した（小林 2013a）（図5）。炭化材C1・C3について最外部年輪（C1-1・C3-1）とC1は外から11年目の最内部の年輪部分（C1-11）、C3は13年目（C3-13）の年輪部分、C2については最外年輪（ただし遺存状況不良で測定不可）と最内部の11年輪目の年輪（C2-11）を採取した。$^{14}$C年代は通常、「較正曲線」と照合して暦上の年代に修正されるが、樹木年輪のような既知の年数間隔を有する試料は、較正曲線の形状と比較するウィルグマッチ法により実際の年代を高精度に絞り込むことができる。本試料は単年輪の採取で、かつ測定間隔10年の2点と狭いため必ずしも適切ではないものの、ウイグルマッチ法の適用を試みた。C2は単年輪のみの単独試料の測定であり、参考とし

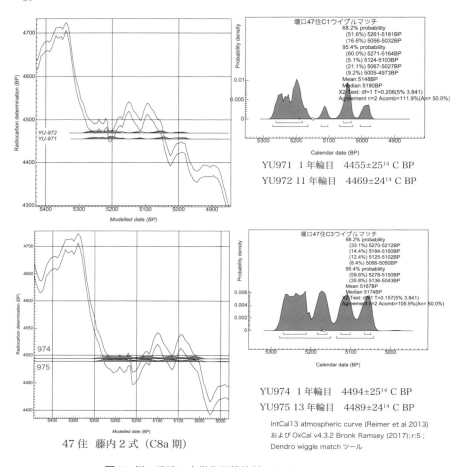

図 5 堰口遺跡の火災住居構築材ウイグルマッチング

た。

　IntCal13 と OxCal v4.3.2 を用い、2 本の炭化材の 1 年目と 11 年目・13 年目をウイグルマッチングすると（図 5）、C 1 では 5271–5164cal BP に含まれる可能性が最も高く、C 3 では 5278–5150cal BP に含まれる可能性が最も高い。両方のウイグルと、最もよく合致する 5160–5200cal BP 頃のウイグルの変動にあわせると外側の新しい年輪の方が炭素 14 年が古く、内側の古い年輪の炭

素14年が新しいウイグルに合致し、C1ではベストマッチ5190cal BP、C3では5174cal BPとなる。最外年で5190-5170cal BP（3240-3220cal BC）に比定されると考える。旧稿（2004a）の筆者の推定によると、新地平8a期の推定年代は、3270-3200cal BC頃であり、この結果はおおよそ整合的である。2測定によるため単独のウイグルマッチングとしては正確さには欠けているが、同一住居で2試料のウイグルマッチングがほぼ一致しており、精度は比較的高い。藤内2式期（8a期）の年代的定点の一つと考えたい。

## 2. 茅野市長峯遺跡SB118住号住居の炭化材の年代測定によるウイグルマッチング

曽利Ⅱa式期の長野県茅野市長峯遺跡SB118住居では、火災住居の主柱穴に残されていた半截材について31年輪の10年目ごとに採取した年輪試料のウイグルマッチング（図6）を検討した（小林ほか2005g）。この住居では、図6右下に示す曽利Ⅱ式土器が柱穴内に遺存、床面から覆土中には曽利Ⅲ式土器が遺存していた。C10c～C11a期に構築された住居と捉えられる。火災住居の主柱穴の可能性がある太い材で、最外1年輪目から外から順に11年輪目、21年輪目、遺存している最内面の31年輪目まで採取した。較正年代とあわせてみてわかるように、最外年輪の測定値が大きく外れており、χ2検定で信頼度が高くない結果となっている。ただし、11年輪目以降を使えば、信頼度は高まり、較正曲線ともよく一致して推定される最外年が4845-4810cal BP（2895-2860cal BC）に含まれる1時点（Medianで4829BP）に伐採された可能性が高い。この年代は旧稿（2004a）での新地平編年での実年代比定ではC10c期～11a期に相当し、土器編年対比の上でも整合的と考えられる。なお、長峯遺跡および隣接する聖石遺跡からは図6に示すように、多数の中期土器の付着物を採取し測定している（試料記号NM）。これらの測定例も、型式順とおおよそ矛盾はない結果となっている。

## 3. 八戸市笹ノ沢（3）遺跡住居出土炭化材の年代測定によるウイグルマッチング

青森県八戸市笹ノ沢（3）遺跡は、円筒下層d式に貯蔵穴が構築された後、

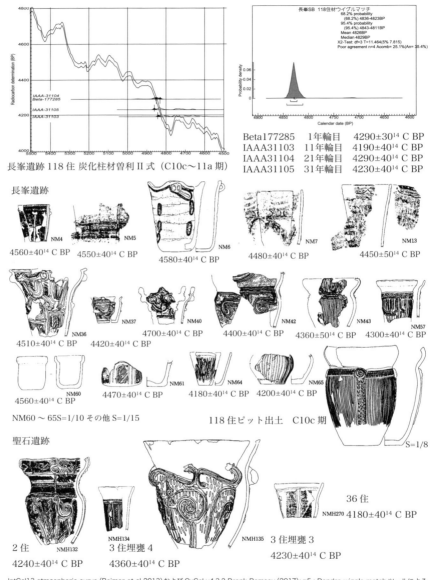

図6 長峯・聖石遺跡年代測定と火災住居構築材ウイグルマッチング
（小林ほか 2005g 改変・追記）

第3講　炭素14年代測定法の検証とウイグルマッチング　29

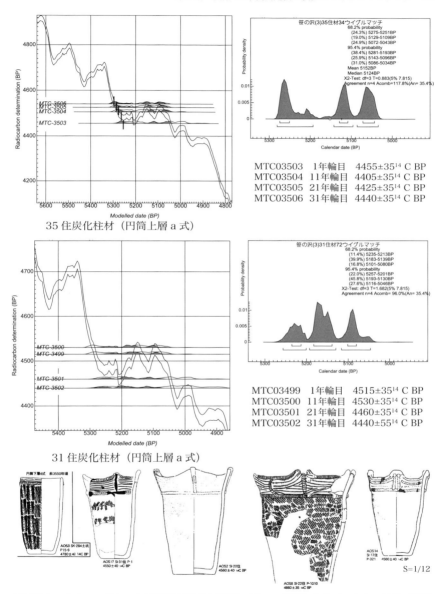

IntCal13 atmospheric curve (Reimer et al 2013)およびOxCal v4.3.2 Bronk Ramsey (2017);r:5 ; Dendro wiggle matchツールによる

**図7　笹ノ沢（3）遺跡年代測定と火災住居構築材ウイグルマッチング**

円筒上層ａ式期に集落が営まれた遺跡である（中村 2005）。調査担当者の中村哲也は、円筒上層ａ式でも土器の口縁部文様・頸部隆帯形成から土器が２時期に分かれ、さらに遺物出土状況などから集落を構成する住居を４期に区分した。そのうち、２期に比定される SI35 住と３期に比定される SI31 住が火災住居の様相を呈し、30 年輪以上の年輪をもつクリの炭化材が認められ、年輪試料を最外年から 10 年輪目ごとおよび最内に近い 31 年輪目の年輪を１年輪ずつ採取し、ウイグルマッチング（図7）をおこなった（小林ほか 2004g）。35 住材は、較正曲線の波動が激しいが、年輪順と測定値の新旧が比例しており、5260cal BP から左に上がっていく曲線部分によく合致する。よって、確率的には大きく３つのウイグルに対応しているが、最も古い部分の 5280−5195 cal BP（3330−3245cal BC）に最外年（炭化材であり樹皮は残らないが伐採年と推定）が含まれると考えられる。頸部に段差をもつ新しいタイプの土器（試料記号 AOS17 として付着物を測定し 4550±40$^{14}$C BP）を出土した 31 住材は、外側の年輪の方が古い炭素 14 年代であり、逆行するウイグルに合致する。よって、先と同様に３つのウイグルに対応するが、5160cal BP から $^{14}$C 濃度が左下がりに遡る年代に対比されると考えられ、5195−5130cal BP（3245−3180cal BC）の年代幅に含まれる１時点と考えるのが最も合理的である。中村による集落の時期の新旧にも合致しており、２期の 31 住の材の伐採年を仮に確率のピークの一つである 5260cal BP 頃、35 住の材の伐採年を同じく 5180cal BP 頃とすると、時期差は約 80 年間となり集落の時期差としては大きいが、確率の中では 5190cal BP を挟んで連続しているので、その前後の年代である可能性も考えられる。

　笹ノ沢（3）遺跡では、円筒下層ｄ式土器付着物（AOS3 4780±40$^{14}$C BP）、円筒上層ａ式土器付着物の年代測定もおこなっており、測定結果に矛盾はない。円筒上層ａ式中頃の年代を示す例として重要と考える。関東地方と対比すると、勝坂１式から２式前半にあたる年代に比定されるであろう。


**註**

（1）測定結果については、情報を共有し検証可能とするため、測定後に調査報告書が
　　刊行される場合はその中にレポートを掲載することを心がけてきた。掲載する報告

書の機関の規定や測定時の経費の状況により、筆者ほかの個人名で報告する場合と、国立歴史民俗博物館、年代測定研究グループ名など異なった名義で報告する場合とがあり、主たる分析担当者が筆者ではない場合もある。また、報告書が刊行後の場合や、掲載する機関の事情によっては、報告書に掲載できない場合もあり、その場合は各種の紀要・年報などにレポートを報告してきた場合もある。

（2）中央大学文学部　小林謙一ゼミ・考古学研究室　ホームページ。
　　　http://c-faculty.chuo-u.ac.jp/~atamadai/
　　　　ただし、所属機関の都合により将来的には削除される可能性もあり得る。

*33*

## 第4講

# 安定同位体比分析と年代値における
# 海洋リザーバー効果の影響

### 第1節　土器付着物の安定同位体比分析による食性復元[(1)]

　同位体分析によって土器に付着した炭化物の由来を復元し、食性や調理法についての情報を得ていくことが期待できる。通常の陸性動植物由来の試料は−24〜−26‰の $\delta^{13}C$ 値をとることが多く、漆試料は−30‰程度の値を示すのに対し、海産物など海洋リザーバー効果の影響を受けた試料は−20〜−23.9‰の値を示すことが多い。また、海洋リザーバー効果によって $^{14}C$ 年代値も数百 $^{14}C$ 年ほど古い年代を示す。アワ・ヒエなど $C_4$ 植物とされる特殊な光合成をおこなう植物は、$\delta^{13}C$ 値が−15〜−19‰程度の値をとる。窒素同位体比は生態的に上位にある動物は窒素を多く含むなど、土器付着物の由来に有益な情報をもつ。

　調理物の焦げに由来すると考えられる土器内面付着物における $\delta^{13}C$ 値と年代値が古く測定されているかどうかを検討することで、海産物の土器での調理の度合い、特に内陸部においてはサケ・マス資源利用の目安とみることができる（小林・坂本 2015）。IRMS による窒素同位体および炭素量と窒素量の比（C/N 比）が検討され、土器付着物（國木田 2008、小林・工藤 2016）による調理物の検討や人骨による食性復元（米田 2007）によって成果があげられている。

　図8は、韓国蔚山市細竹遺跡出土新石器土器の内外面付着炭化物の $\delta^{13}C$ と $\delta^{15}N$ の分散（図8上段）と $\delta^{13}C$ と C/N 比の分散図である。上段には、米田穣（2004）による現生生物の種類別の領域を模式的に囲み、下段には吉田邦夫・西田泰民（2009）による現生生物の領域を模式的に四角で囲む。内面と外面付

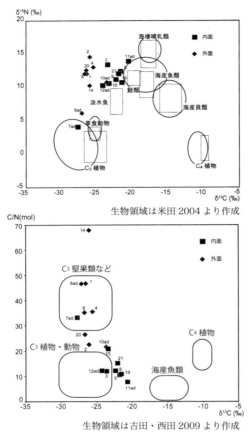

図8　土器付着炭化物の炭素・窒素安定同位体比、C/N 比（小林・工藤 2016 改変）

着物をみると明らかに傾向が異なっており、外面付着物は $\delta^{13}C$ がおおむね−25‰付近で C/N 比が 20 以上を示すのに対し、内面炭化物は $\delta^{13}C$ 値が−20～−24‰の範囲に含まれ、C/N 比が No.7ad を除き 20 より小さく特に 10 より小さいものが多い。No.7ad は鱗茎状の炭化物であり植物の焦げつきである。外面付着物はほとんどが植物由来の燃料材の煤と考えられる。特に内面の No.3・5・9・11・19・21 は海産物の可能性が高いが、No.15 は C/N 比がやや高く動物性タンパク質とは言い切れず、No.21 は $\delta^{13}C$ 値が−24.3‰で海洋起源とは言い切れないが、様々な食材を混合したシチュー状の調理残滓の可能性も考えられよう（小林・工藤 2016）。

現生の動植物の値と炭化試料とでは完全に一致した値は得られず、変移が生じているが原因は明確ではない。外面付着物にも $\delta^{13}C$ 値が−20～−24‰の値を示す事例があり、吹きこぼれが疑われる場合もある。内面付着の場合も、複数の素材を混合して調理する場合や複数回の異なった調理物が残される場合など検討するべき点がある（たとえば西田 2006）。

## 第2節　年代値における海洋リザーバー効果の影響

　土器付着物、特に内面の付着炭化物は、調理時の残滓の焦げつきと考えられる。そのため、縄紋土器の使用方法や調理物の復元につながる可能性をもつが、一方で海産物の炭化物が混ざった場合は、海洋リザーバー効果の影響により、陸生の植物由来の炭化物に比べ古い年代を示す可能性が高い。

　海洋水は約1500年を周期に深層まで循環しているので、放射壊変を経て$^{14}C$濃度が減少した二酸化炭素が溶けこんでいる。それを取り込んだ海産物は、一般的に同時代の陸上植物よりも古い$^{14}C$年代を与える。海洋が炭素の大きな容れ物（リザーバー）としてふるまっていることから、このずれは「海洋リザーバー効果」の影響として認識されている。

　表層海洋水の平均的なずれ（グローバルリザーバー効果）はおよそ400炭素14年（$^{14}C$ yr）とされているが、実際には地域ごとに異なっていて、それをローカルリザーバー効果（$\varDelta R$）として加味する必要がある。$\varDelta R$は時期によって異なっていた可能性があり、さらに海洋資源の割合によって影響の度合いが変わることから、海洋リザーバー効果の影響を見込んだ$^{14}C$年代の補正は困難なことが多い。

　日本列島周辺においては、中村俊夫による貝殻と共伴炭化材の$^{14}C$年代の比較（Nakamura *et al.* 2007）や吉田邦夫による貝殻試料の測定と土器付着物などとの比較（吉田・大道 2005）、米田穣による北海道の北黄金貝塚など陸獣と海獣の骨の比較による研究（米田 2002）が重ねられている。宮田佳樹は、青森県東道ノ上（3）遺跡での円筒下層a式期の同一貝層から出土した試料の$^{14}C$年代測定から海洋リザーバー効果の影響を論じている（宮田 2009）。貝類は生息域の違いを反映し、ヤマトシジミで180$^{14}C$ yr、マガキで270$^{14}C$ yr、アサリで平均450$^{14}C$ yr、遺跡よりも古い$^{14}C$年代を示した。また土器内面に付着した炭化物がスズキ魚骨よりも古いことから、親潮水系で成育した深魚を起源とするか、北方から回遊してくる海獣やサケなどを調理した可能性を指摘している。宮入陽介らも、北海道周辺での高い海洋リザーバー効果について検討をおこなっている（宮入ほか 2011）。

海洋リザーバー効果による土器付着物の $^{14}$C 年代のずれが、その $\delta^{13}$C 値と関連することについては、以前より指摘されている。秋田県大館市池内遺跡の縄紋前期土器付着物の $^{14}$C 年代測定では、9点のうち2点が、他のデータ（4780-4940 $^{14}$C BP）よりそれぞれ約300 $^{14}$C yr、約1100 $^{14}$C yr古い値を与えた。これらのうち後者の $\delta^{13}$C 値は $-22$‰で、他の $-25 \sim -27$‰よりも大きかった。今村峯雄は、これらが海産物の焦げである可能性を指摘している（今村2000）。

筆者らは神奈川県稲荷山貝塚の事例研究で、同一時期と考えられる貝層中で出土した炭化材と土器付着物との $^{14}$C 年代を比較し、土器付着物が400～500 $^{14}$C yr古い結果を出すこと、同時に $\delta^{13}$C 値が $-24 \sim -20$‰という値を示すことから、$\delta^{13}$C 値が海産物の調理による炭化物の指標になると捉えた（小林ほか2005a）。さらに、青森県三内丸山遺跡でも同一土器型式の付着物の中に、$\delta^{13}$C 値がやはり $-24 \sim -20$‰で通常の $-27 \sim -25$‰よりも大きく、かつ数百 $^{14}$C yr古い $^{14}$C 年代を与える試料があることを示した（小林2005）。海産物による土器付着物を $\delta^{13}$C 値から推定する可能性については、西田泰民・吉田邦夫らも同じく三内丸山遺跡出土円筒土器付着物を用いた研究の中で論じている（西田ほか2005）。2004年に西田茂と藤尾慎一郎・今村峯雄との間で議論があった（西田2003、藤尾・今村2004）ように、海産物に由来する土器付着物は海洋リザーバー効果の影響により数百 $^{14}$C yr古い値を示すことになるが、その起源については $\delta^{13}$C 値からもチェックが可能である。

土器付着物の炭素および窒素の安定同位体比については、坂本稔（2007など）をはじめ、幾人かの研究者によって積極的に検討が加えられている。筆者と坂本稔は、$\delta^{13}$C 値と炭素量／窒素量（C/N比）（mol比による）により、土器付着物の由来が、海産物、アワ・ヒエを含む $C_4$ 植物、およびコメやドングリが含まれる $C_3$ 植物とに区分できる可能性を指摘した（坂本・小林2005）。工藤雄一郎らは、北陸の縄紋後晩期の土器型式の年代的位置づけと土器で煮炊きされた内容物について、$^{14}$C 年代および安定同位体比の研究から検討を進めた（工藤ほか2008）。國木田大は縄紋文化におけるトチノキ利用の変遷、特に東北地方大木式土器文化においての検討を、土器付着物と種実遺体の年代測定を用いて進めた（國木田2008）。西田泰民や吉田邦夫による実験結果の土器付

着物に対する $\delta^{13}C$ 値および $\delta^{15}N$ 値の分析もおこなわれた（西田 2006、吉田 2006）。國木田大・吉田邦夫・辻誠一郎・福田正宏は、2009 年の考古学協会山形大会のシンポジウム以来の研究として、押出遺跡、吹浦遺跡、川内袋遺跡などの遺跡出土のクッキー状炭化物や土器付着物の年代測定、安定同位体比の分析を進め、クッキー状炭化物は $C_3$ 植物の堅果類に主に由来すると判断し、CT スキャンを利用した構造・製作法の検討をおこなったほか、土器付着物はサケ・マスなどの遡上魚を含む可能性が指摘され、年代値が古い傾向にあることを海洋リザーバー効果の影響と説明した（國木田ほか 2010）。

　$\delta^{13}C$ 値による検討は、安定同位体比の分析であるが、$^{14}C$ 年代測定の副次的な成果としてすでに一定の蓄積があり、それを用いれば限定的ながらも海洋資源の利用とアワ・ヒエなどの $C_4$ 植物の利用について予察が可能と考えられる。いうまでもなく、土器付着物における海産物や $C_4$ 植物の影響をどの範囲の $\delta^{13}C$ 値で把握するかは、基礎的な検討を重ねる必要がある。さらに、実際の調理の場合は食材が混合されている可能性が高いので、海産物や雑穀類、陸産動物やドングリ・コメなどの $C_3$ 植物の混合がどのように $\delta^{13}C$ 値に反映されるのか、また陸産動物の場合は食物連鎖により、雑食性の動物（たとえばクマ・イノシシ）などは一定の割合で海産物の影響を受けることが考えられるので、その割合をどのように捉えるかも問題である。それでも、$^{14}C$ 年代と比較することで、当該試料の帰属する土器型式として期待される年代値と測定値とに違いがあるかどうかでも、海洋リザーバー効果の影響の有無を検討できるメリットがある。

　漆・アスファルトを除く土器付着物の起源物質を以下のように仮定する。海産物の判定は、$\delta^{13}C$ 値が $-24$‰〜$-20$‰ にあり、$^{14}C$ 年代が同一型式の他試料より $100\,^{14}C$ yr 以上古い試料とした。また、$-20$‰ より大きい（絶対値が小さい）$\delta^{13}C$ 値が測定された試料のうち、$^{14}C$ 年代が共伴試料など、同一時期試料などから予想される値と大きく変わらないものを $C_4$ 植物と想定した。

　土器付着物に関する海洋資源の様相を確認するために、縄紋晩期〜弥生移行期の土器付着物について地域・文化（縄紋晩期と弥生早期・前期に大別した）に大きく分けて、$\delta^{13}C$ 値の出現頻度を集計し検討した（小林 2014a）。筆者の縄紋時代晩期〜弥生時代前期の推定年代（設楽・小林 2004）より、$^{14}C$ 年代

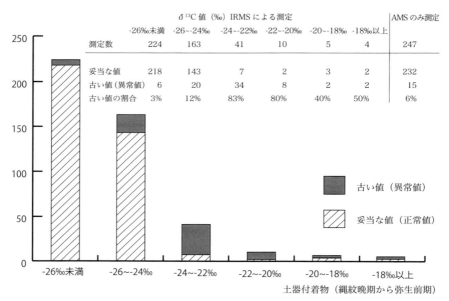

**図9** $\delta^{13}C$ 値別の炭素14年代値（小林 2014a 改変）

が古いと判断された試料数を集計した（図9）。「AMSのみ測定」はIRMS（同位体比質量分析計）による$\delta^{13}$値が測定されていない試料である（AMSによる値は不採用）。これによると、土器付着物の大部分は$\delta^{13}C$値が-24‰より小さく、多くが陸上植物に由来することがわかる。そのような試料は$^{14}C$年代も整合的であることが多い。-24～-20‰の$\delta^{13}C$値を示す試料が一定量認められ、それらは想定される年代よりも100 $^{14}C$ yr以上古い値を示す試料が多い。この傾向は、海産物の煮炊きによる海洋リザーバー効果の影響を反映したものと考えられる。$\delta^{13}C$値が-20‰を上回ると$^{14}C$年代の異常を示す試料はむしろ減少し、$C_4$植物の寄与が認められるようになる。

　以上のように、-24～-20‰の$\delta^{13}C$値を示す試料に$^{14}C$年代値が古い異常値が多くみられ、-20‰以上の試料では年代値が異常値を示す試料は減少することが指摘できる。前述のこれまでの研究史を根拠として記した、$^{14}C$年代が100 $^{14}C$ yr以上古くかつ$\delta^{13}C$値が-24‰より大きい測定例を、海産物の利用による海洋リザーバー効果の影響を受けた可能性が高い試料（小林 2014a、

小林・坂本 2015 で「海洋」と報告したもの）、およびいずれかの条件のみの測定例をそれに準ずる試料（同じく「海洋？」と報告したもの）とした仮定は、おおむね妥当性が高いことが確認できる。今回縄紋時代の年代測定試料を筆者が関わってきた事例および他機関の公表されている事例を可能な範囲で集成したが、その際にも海洋リザーバー効果の影響が認められるかは、同様の基準で判断した。

　筆者による土器付着物の $\delta^{13}C$ 値の分析により、以下のことが確認できた（小林 2014a）。北海道地方の縄紋晩期は、土器付着物に海洋リザーバー効果の影響が認められる例が多く、海産物の調理が多くおこなわれていた可能性が高い。東北地方では、縄紋晩期に海産物利用の度合いが多く、弥生前期にはほとんど認められなくなる。秋田県鷹巣など現北秋田市内や岩手県北上市内の縄紋晩期遺跡など大河川沿いの内陸部の集落遺跡において、一定量の海産物起源の土器付着物が認められ、サケ・マスの調理または魚油を取るための煮沸の可能性を考えることもできよう。一方、西日本では、$C_4$ 植物の可能性がある土器付着の焦げが縄紋晩期から認められるとともに、九州北部などでは弥生前期に至っても一定量の海産物の認められる土器付着物が確認できる。これは当時の生業が水田稲作のみに集中するような状況ではなく、多様な形態が並存していたことを示唆する。


**註**
　（1）第1節は、小林 2019 予定稿に提出した内容を、出版元に許可を得た上で再編成したものである。

## 第5講

# 縄紋時代研究と炭素 14 年代の関わり

### 第1節　縄紋時代研究における炭素 14 年代測定の研究動向

　筆者は、縄紋時代研究における $^{14}C$ 年代測定の適用を試みてきた。東日本を中心に、縄紋草創期から弥生移行期まで含め、実践的に AMS（加速器質量分析計 Accelerator Mass Spectrometry）法 $^{14}C$ 年代測定に参画してきた。それとともに、考古学と年代測定との関係について、互いにフィードバックし検証がおこなえるような関係を構築することを目標として模索を重ねてきた。その具体的な成果は、縄紋土器の年代的研究や集落遺跡での研究実践として提議してきた（小林 2004a ほか）。さらに広く考古学界全体に問題意識を問うためにも、日本考古学、特に縄紋時代研究における $^{14}C$ 年代測定の関わり方という視点からの研究史を描いておく必要があると考える。

　先学諸氏によっても、縄紋時代研究と年代測定の関わりについては、論じられてきている。たとえば、春成秀爾（春成 1999）や、山本直人（山本 1999）によって、明瞭に整理されている。しかしながら、2000 年以降において、AMS 法による年代測定が進展した結果、年代測定の果たしつつある役割について、再び現代的な視座から捉え直す必要がある。

　ここでは、先学諸氏の見解を継承しつつも、さらに考古学と年代測定との関係を一体化させ、具体的な縄紋時代像を構築するための年代測定の利用方法を確立していくために、新たな視点で研究史的整理をおこなう。縄紋時代の年代比定を進め、その成果を考古学的課題へと適用していくためには、現状における研究の到達点と問題点をあらかじめ提示しておくことが重要だからである。

## 第 2 節　縄紋時代研究における炭素 14 年代測定研究略史

　考古学における $^{14}$C 年代の利用は、すでに数十年に及ぶ長い歴史がある（表1）。研究史としては、『縄文時代』誌に 2000 年までは山本直人、2001 年について御堂島正（御堂島 2002）、さらに 2002 年以降については継続的に筆者（小林 2003a など）によって、学界動向「関連科学　年代測定」としてまとめられている。また、日本考古学における $^{14}$C 年代測定との関係については、弥生時代研究を中心とした春成秀爾によるまとめが優れている（春成 2004）。縄紋時代については、山本直人が、2000 年までの研究状況をまとめ、日本考古学における問題点をよく提示している。

**表 1**　炭素 14 年代測定の研究史（小林 2006a）

| 日本考古学 | | 世界の動き | |
|---|---|---|---|
| 1948～55 | 姥山貝塚試料などの測定 | 1949 | リビーにより $^{14}$C 年代測定法発表 |
| 1959 | 夏島貝塚の測定 | | |
| | | 1961 | クラークによる年代革命 |
| 1962 | 短期編年・長期編年論争 | | |
| | | 1977 | AMS 法の提示 |
| | | 1978 | レンフルー　文明の誕生 |
| 1982 | キーリ・武藤によるまとめ | | |
| 1983 | 名古屋大学 AMS1 号機 | | |
| 1985 | 東京大学 $^{14}$C 年代測定開始 | | |
| | | 1986 | 較正曲線 INTCAL86 |
| | | 1989 | トリノの聖骸布測定 |
| 1996 | 池上曽根遺跡年輪年代測定 | 1993 | INTCAL93 に更新 |
| 1998 | 大平山元 I 遺跡 | 1996～98 | 中国　夏商周プロジェクト |
| 1999 | 山本直人　貯蔵穴の測定 | | INTCAL98 に更新 |
| 2000 | 佐倉宣言 | 2001～ | エジプト考古学における $^{14}$C 年代での |
| 2003 | 弥生時代 500 年遡行説 | | 再検討 |
| 2004 | 小林謙一　縄紋社会研究の新視点 | | |
| | | 2005 | IntCal04 に更新 |
| | | 2009 | IntCal09 に更新 |
| | | 2013 | IntCal13 に更新 |
| 2017 | 小林謙一　縄紋時代の実年代 | | |

第5講　縄紋時代研究と炭素14年代の関わり　*43*

　本節における 2000 年までの研究状況に関する記述は、山本によるまとめ（山本 1999 など）に大きくよっていることを断っておく。なお、山本は、日本考古学と $^{14}$C 年代測定の関わりを、1〜4 期に区分して論述している。それは、第 1 期（1949〜58 年）、第 2 期（1959〜69 年）、第 3 期（1970〜82 年）、第 4 期（1983 年以降）である。以下では、山本の研究史的まとめに準じた視点での区分であるが、筆者なりの見解に立って若干の修正を加え、1 期を夏島貝塚での測定まで、2 期を短期編年と長期編年の論争と $^{14}$C 年代の一般化、3 期を縄紋研究との遊離化と AMS$^{14}$C 年代測定の出現、4 期を近年の新たな研究動向、に区分した。

## 1 期　夏島貝塚の測定まで（1949〜59 年頃）

　1949 年に W. F. リビー（W. F. Libby）によって Science 誌に発表（Arnold & Libby 1949）された $^{14}$C 年代測定法は、世界の考古学に大きな影響を与えた。これにより、リビーは 1960 年にノーベル化学賞を受賞した。

　炭素には質量数が 12、13、14 の同位元素が天然に存在するが、うち質量数 14 の炭素、つまり炭素 14 は放射性同位体で、ベータ線と呼ぶ放射線を出して、規則正しく崩壊する。$^{14}$C 年代測定法は、炭素 14 の放射線を出しながら一定の率で壊れていく性質を利用した年代測定法である。リビーは、この新しい原理で測定された年代が妥当なものであるかどうかを検討する目的で、1948 年から 1955 年にかけて、縄紋時代の考古資料も含む多数の試料についてベータ線検出法といわれる方法で実験をおこなっている（Libby 1951・1955）。これには、千葉県市川市姥山貝塚（C-548 竪穴住居木炭 4546±220$^{14}$C BP、C-603 姥山貝塚 4513±300$^{14}$C BP）$^{(2)}$、千葉県丸山町（現南房総市）加茂遺跡諸磯 b 式期丸木舟関係（5100±400$^{14}$C BP）、千葉市検見川泥炭遺跡出土の試料が含まれており（木越 1978）、今日的にみても妥当な測定結果が示されている。1960 年代には、日本国内でも学習院大学（Kigoshi *et al.* 1962）をはじめとして理化学研究所などで測定が開始され、日本でも普及していった。

　縄紋時代の考古資料による $^{14}$C 年代として最初に大きなインパクトを与えたのは、杉原荘介らにより 1959 年に発表された、縄紋時代早期の神奈川県横須賀市夏島貝塚の $^{14}$C 年代（杉原 1959、芹沢 1959）であった。同時に、$^{14}$C 年代

を基として芹沢長介により提案された縄紋時代の絶対年代観が提示された（芹沢 1959）。夏島貝塚の第1貝層から採集された縄紋早期初頭の貝殻と木炭がミシガン大学で測定され、M-769 夏島貝塚、カキ貝殻 9450±400$^{14}$C BP、M-770 夏島貝塚、木炭 9240±500$^{14}$C BP（M-771 の木炭を一緒にしている）（Crane and Griffin 1960）と発表された。当時において、この $^{14}$C 年代は予想以上に古い値で、縄紋土器が今から 9000 年前に日本列島ですでに製作されていたことになるとし、世界で最古の土器と新聞報道などでも大きく取り上げられた。

## 2期 短期編年と長期編年の論争と $^{14}$C 年代の一般化（1960〜70 年代頃）

　上記の夏島貝塚の $^{14}$C 年代と芹沢（1959）の絶対年代観に山内清男らが強く反発し、縄紋時代の長期編年・短期編年の論争がおこなわれた。山内清男と佐藤達夫は夏島貝塚の $^{14}$C 年代値に疑問を呈し、最古の縄紋土器に伴出する植刃・断面三角形の錐などの石器や、それに先行する無土器文化に伴う石器についてシベリアのバイカル湖地域の編年と対比し、イサコヴォ文化に並行として縄紋土器の始まりを 5000 年前とした。そして縄紋文化に先行する無土器文化の始まりを 6000 年前くらいにおき、縄紋文化の開始を 5000 年前（3000 年 BC）とする短期編年を示した（山内・佐藤 1962、山内 1964）。その後、山内清男は日本において縄紋時代草創期に出現している矢柄研磨器について旧大陸と年代対比するとともに、海進時期の時間的対比から、縄紋文化の開始する年代をさらに短縮して 4500 年前（2500 年 BC）とした（山内 1969）。

　山内清男に対抗するように、$^{14}$C 年代測定法を積極的に利用する立場の芹沢長介らは、長崎県北松浦郡吉井町（現佐世保市）福井洞穴において $^{14}$C 年代測定を実施していった。福井洞穴 II 層と III 層からは、最古の土器群であった隆起線文土器が、細石刃・細石核と伴出し、これらの層から出土した木炭の測定結果は福井 II 層 12400±350$^{14}$C BP（Gak-949）、福井 III 層 12700±500$^{14}$C BP.（Gak-950）であった（鎌木・芹沢 1967）。同時期に愛媛県美川村（現久万高原町）上黒岩岩陰遺跡の隆起線文土器が出土した IX 層および無文土器が出土した VI 層の炭化物について、江坂輝彌らが $^{14}$C 年代測定をアメリカのアイソトープ研究所に 1963 年に依頼し、それぞれ 12165±600$^{14}$C BP（I-944）、10085±320$^{14}$C BP（I-943）の結果を得ている（江坂ほか 1967）。芹沢は、縄

紋時代の開始を 12000 年前とみなし、縄紋時代の長期編年を自説として主導していった（芹沢 1982）。

$^{14}$C 年代測定自体は、次第に日本考古学の中に定着していった。木越邦彦は、放射性炭素による年代測定法について、その原理、$^{14}$C 濃度の測定法、試料の採取・保存・前処理、前提条件の吟味、測定の結果を解説している（木越 1965）。

1970 年に山内清男が亡くなると、長期編年と $^{14}$C 年代測定法に対する批判が沈静化した。1970〜82 年には、気体計数管法や液体シンチレーション法により各機関で $^{14}$C 年代測定がおこなわれ、測定値が蓄積されていき、長期編年が広く受け入れられていった。1960 年代末から自然科学的な手法を用いて考古資料を分析する研究が盛んとなり、近年いわれるところの「考古科学」に関する論考が掲載された『考古学と自然科学』誌において、考古資料を試料とした $^{14}$C 年代測定に関する論考が掲載され、考古学一般に情報を提供する『考古学ジャーナル』誌にも年輪年代による $^{14}$C 年代の補正に関する研究（浜田 1972）が発表された。

### 3 期　縄紋時代研究との遊離化と AMS$^{14}$C 年代測定の出現（1980〜90 年代）

1981 年にまとめられた『千葉県文化財センター研究紀要 6』には、「自然科学の手法による遺跡、遺物の研究」が掲載され、「年代測定」として、千葉県下出土資料に関する $^{14}$C 年代測定試料 180 例を集成している（千葉県文化財センター 1981）。しかしながら、その成果については積極的な評価はおこなわれず、年代測定に比べて土器編年などの考古学的な時期比定が進んでいるとして、今後年代測定を重ねていくこと自体についても「必要があるかとなると疑問である」と結論づけられている。こうした、考古学と年代測定との間の消極的な関係は、千葉県に限らず、たとえば登呂遺跡での弥生時代資料の年代測定をめぐる混乱や、上述したいわゆる長期編年・短期編年論間の論争など、少なくとも 80 年代頃、一部の研究者に限れば現在まで、根拠のない疑問視は日本考古学界における一般的な風潮として存在していた。その原因は、従来の $^{14}$C 年代測定の誤差が大きかったこと、また必要とする炭素量が大きかったために、単に層位的に共伴する炭などが、時には数カ所の炭化物がまとめて測定試

料に供されるなど、測定試料として適切ではない試料が選ばれることもあり、土器編年など考古学的な年代観とすれ違うことが多かったことなどが原因であったかと推測される。測定機関に試料とともに提供する情報として、考古学的時期を記す欄があることから、都合がよい年代を報告してきているのではないかと無責任な疑問を呈する考古学者もいた。2000年代になってからのことであるが、研究会の席上で土器型式の順番と未較正の$^{14}$C年代の新旧が逆転する場合を取り上げて矛盾があることを強く主張する研究者も少なくなかった。しかしながら、少なくとも縄紋時代研究においては、年代測定は研究の上で必要な分析と位置づけられていった。

　C. T. キーリと武藤康弘は1981年の時点までに$^{14}$C年代測定法やフィッショントラック法など他の理化学的年代測定法で測定された年代値を集成し、縄紋時代の時期別の絶対年代（この場合は未較正の$^{14}$C年代）を、北海道・東北・関東・九州などの地域ごとに示している（キーリ・武藤 1982）。これによれば、各時期の$^{14}$C年代は、地域によって100～200年程度、前期以降の九州や後期以降の中部以西ではさらに大きく異なっていた。この原因は地域によって測定の点数にばらつきがあることから生じたものと考えられる。この論文によって縄紋時代の各時期に関する$^{14}$C年代の大枠が追認されたと評価されている。一方、$^{14}$C年代測定によって、おおよその年代を求めることで満足する傾向が生じ、さらに具体的・実際的に縄紋文化研究に年代測定の研究成果を積極的に組み込んでいく方向性には向かわなかったことは残念である。

　世界的にみると、1977年にAMSの原理が実証され、1980年代には実用化されていった。1989年には、トリノ大聖堂に保管されていた「トリノの聖骸布」（Dale 1987）についてAMSによる測定がおこなわれた結果、中世につくられたものである可能性が示され、聖骸布をめぐる論争に決着をもたらすなど、その有効性が広く認知されていった。

　1983年以降、タンデトロン加速器質量分析計（Tandetron Accelerator Mass Spectrometry）が、アリゾナ大学に次いで名古屋大学アイソトープ総合センターに設置され、様々な分野のAMS$^{14}$C年代測定に活用されるようになった。たとえば、1990年に中村俊夫が縄紋時代の土器付着物について初めて測定をおこなった（中村・岩花 1990）。$^{14}$C年代研究の進展と普及において、

中村俊夫らによる名古屋大学のAMS$^{14}$C年代測定の実践は、以前の学習院大学での測定に並ぶ研究史上の意義をもつ。装置の稼働状況などを毎年報告するなどの努力により、高い信頼性を得ていった（中村・中井 1988、中村ほか2002など）。

1998年には、谷口康浩らによる調査において、青森県大平山元Ⅰ遺跡の無紋土器が、AMS測定結果の較正年代で16000年前とされ、大きなニュースとなった（谷口 1999）。谷口はその後土器の成立の年代について積極的に議論を進めていく（谷口 2002abなど）。土器の成立の年代的位置づけについては、春成秀爾によって、日本列島における土器の発生が更新世に遡ることの意義が問われるに至った（春成 2001）。夏島貝塚での測定に匹敵するようなインパクトを与えたという意味で、$^{14}$C年代測定が縄紋研究に大きな役割を果たしていく画期となったと評価されている。大平山元Ⅰ遺跡における土器出現期がそれまでよりも4000年遡るとの指摘は、較正年代によって実年代を推定し16000年前としたことにもよっている。$^{14}$C年代は半減期を用いたモデル年代であり、年輪年代の判明している樹木年輪試料の$^{14}$C年代のデータベース（INT-CAL）と比較する較正年代を用いることを主張したことも特記される。

こうした研究の流れの上に、$^{14}$C年代測定と考古学との間に新たな関係が模索されるようになったのが、次節において記述する、近年の状況であるといえる。

### 4期　近年における新たな研究への模索（2000年代以降）

2000年までの学界動向をまとめた山本直人による研究史的総括では、展望として土器型式の時間幅や集落の動態を実年代で把握するなどの目的があげられていたが、2002年頃までは、日本第四紀学会や日本文化財科学会などの研究集会など一部の例外を除けば、極端にいえば、単に測定し結果を報告書に掲載するに留まっている場合が多く認められた。

その点で2003年の「弥生時代開始年代500年遡行」説の発表が大きな画期となった。考古学協会総会研究発表における、国立歴史民俗博物館（以下、歴博）の春成秀爾・今村峯雄・藤尾慎一郎・坂本稔らによる発表（春成ほか2003）に対しては、学界からの感情的な反発が多く、学術的とはいえない意見

も少なからず発せられた。弥生開始年代の年代論は、縄紋晩期に対する歴史的理解を、改めて問うことでもある（本書第13講参照）。たとえば、弥生時代の開始年代に関連させ、筆者は東日本縄紋晩期亀ヶ岡式土器（大洞諸型式）の各型式の暦年較正年代について検討している（小林 2009）（本書第9講参照）。

　千葉豊は、『史学雑誌』の2004年度の学界動向において、筆者らの研究を取り上げ、「AMSは研究を一新するか」と論じた（千葉 2005）。その中で、弥生年代論が耳目を集めているが、その基礎となっているのは縄紋土器編年の実年代推定など縄紋時代中期の高精度年代体系構築の研究がベースとなっていると指摘している。2002年の考古学協会では筆者などによる縄紋中期土器・集落の年代測定（小林ほか 2002）、2003年の考古学協会では、筆者などにより縄紋土器型式の時間幅についての研究発表（小林ほか 2003c）がおこなわれている（本書第11講参照）。

　2004年に、筆者が縄紋中期の $^{14}C$ 年代測定を用いた縄紋研究をおこなった成果として『縄紋社会研究の新視点』を刊行した（小林 2004a）が、縄紋土器型式の時間幅や集落の時間的変遷についての具体的な年代測定からの検討をおこなったことについて、批判も含め大きな注目を集め、縄紋研究における $^{14}C$ 年代測定研究に刺激を与えたと考える。また、年代決定以外でも、炭素同位体の分析に注目すべき点として、土器付着物自体がどのような由来であるかについての炭素13同位体比（$\delta^{13}C$）の分析などが2003〜04年頃より注目されるようになってきた（吉田 2004）。炭素13同位体比を検討することは、土器付着物が海産物の焦げである場合の海洋リザーバー効果の影響など、年代測定結果に対する影響を探る上でも重要であると同時に、縄紋時代の食生活を復元する材料ともなる。筆者と坂本稔は、安定同位体比の検討などを通し、土器付着物が、海産物の調理や、アワ・ヒエなどの $C_4$ 植物に由来する場合に、$\delta^{13}C$ 値などによって検討できることを指摘した（坂本・小林 2005）。

　$^{14}C$ 年代測定と較正年代が注目されるようになると、一方では批判的な意見も考古学者から提示されるようになった。較正年代に対する批判の一つに、日本の樹木の年輪による較正曲線は、欧米の樹木による INTCAL と一致するのかという批判が存在した。弥生開始年代の検討をおこなった歴博の年代測定研究グループでは、尾嵜大真を中心に、年輪年代が既知の日本産樹木を用いた測

定を進め、日本産樹木の$^{14}$C生成量の変動とINTCAL較正曲線には、一部の年代を除外すると大きな差異はないことを確認した（尾嵩ほか 2005）

　筆者は、山本直人らによって2000年度までについてまとめられていた$^{14}$C年代測定と考古学研究との関わりについて、近年の研究動向を重ねる形で研究史的まとめをおこなった（小林 2006a）。炭素年代測定と考古学との関わりについては、山本直人（1999）、春成秀爾（1999）、谷口康浩（2002ab）らによる積極的に評価し取り込んでいこうとする流れの中に筆者も立つが、特に山本直人による縄紋土器編年の実年代比定と集落調査の切り口に用いる方法について、筆者も同一の方向性をもち、研究を進めてきた。また、1998年より、谷口康浩や中村俊夫・辻誠一郎（1999）によって提起されてきた縄紋時代の始まり、および土器の出現時期について、大平山元I遺跡の成果を基とした議論（谷口 1999）も、現在にまで続く研究の流れの一つを形成している。

　筆者は、縄紋時代土器編年の実年代化の具体的な年代研究として、関東地方縄紋後期の土器編年と較正年代との関係を取り上げ、稲荷山貝塚や西根遺跡などでの具体的な測定研究をもとに体系的に論じた（小林 2006b）。単に年代づけを図るのみでなく、遺跡形成論へと進めた。たとえば筆者や遠部慎らによる貝塚の層堆積解明に関する貝層中水洗選別炭化物の年代測定によるサンプリングの問題（遠部ほか 2006）や、竪穴住居内の堆積過程の復元へ年代測定を応用した研究への模索（小林 2007c）なども多少とも成果を示していった。

　2007年に歴博が刊行した『国立歴史民俗博物館研究報告』137号での、歴博基盤研究「共同研究高精度年代測定法の活用による歴史資料の総合的研究」の成果報告特集号において、下記のような多くの成果が刊行された。筆者は、縄紋草創期から前期までの年代測定研究をまとめ（小林 2007a）、藤尾慎一郎は九州地方の縄紋晩期と弥生移行期の年代についてまとめた（藤尾 2007a）。今村峯雄により年代較正のためのソフトについて解説され（今村 2007）、村本周三らによる遺跡形成過程推定（村本ほか 2007）と筆者・坂本稔らの流山市三輪野山貝塚の遺跡形成復元（小林ほか 2007b）では、盛土遺構の出土炭化物の年代測定から、遺跡形成過程を復元しようとする試みが示された。遠部慎らは、遺跡形成に関わる試料の混入について、水洗選別試料と現地で層位を確認して採集された試料との年代を比較して論じ、試料の扱いについての問題提起

をおこなった（遠部ほか 2007）。

筆者は、同一遺構出土試料の AMS$^{14}$C 年代測定の検討と、住居内や重複住居出土試料の測定から縄紋住居居住期間の推定を試みた（小林 2007b）。竪穴住居の複数試料の年代測定は、村本周三も三内丸山遺跡などで進め（村本 2007）、前述の山本直人が示した集落研究における年代測定成果の取り組みが具体化していった。

遠部慎は、西日本の縄紋早期〜前期の年代測定を進め、瀬戸内の自然・生態環境復元や、土器編年上の対比を積極的に進めた（遠部ほか 2008 など）。

測定自体に関わる基礎的な検討としては、宮田佳樹らが土器付着物の内外面や同一個体の複数付着物の測定を分析し、滋賀県の琵琶湖沿岸の低湿地遺跡である竜ヶ崎 A 遺跡の土器付着物の測定（小林ほか 2006e）において、泥炭層に近いスクモ層に埋没していた土器付着物が多いことから、内面付着物により汚染が高い度合いで残っていた可能性を指摘した（宮田ほか 2007）。

2008 年には、2004 年に筆者が刊行した『縄紋社会研究の新視点』の新装版（明らかな誤りの改訂とともに、追補の章を設けた）を刊行したが、年代測定研究の必要性の高まりにより改めて稿を起こしたものと理解されたい。また、考古学リーダー 15（小林・セツルメント研究会編 2008）の「竪穴住居・セツルメントのリサーチデザイン」でも年代測定研究を取り上げた。そして、上黒岩遺跡研究（小林・遠部 2009）として筆者もおこなった縄紋草創期研究において年代測定研究が果たした大きな役割にみるように、縄紋時代の始まりに関する実年代に基づいた議論も深まりを見せていった。

縄紋時代を全体的にみても、縄紋研究のこの 10 年間をリードする意気込みで刊行された『縄文時代の考古学』シリーズにも 2 巻『歴史のものさし』の中で $^{14}$C 年代測定と較正年代による成果に 1 章が割かれ（小林 2008a）、同様に現時点における縄紋土器研究の到達点とも評価される『総覧縄文土器』（アム・プロモーション）において、$^{14}$C 年代測定が東日本（小林 2008b）、西日本（山本直 2008）に分けて項目が設けられるとともに、各縄紋土器型式の解説に年代測定値の集成が一覧されるなど、年代測定が縄紋研究に必要不可欠なものとなっていることが示された。

前述した弥生開始年代の議論の契機となった、歴博を中心とした学術創成研

究「弥生農耕の起源と東アジア」も 2008 年で最終年度を迎え（西本編 2009）、弥生早期から古墳前期までの測定研究を進めた中で、縄紋時代との境に関わる課題の一つとして、近畿地方の縄紋晩期長原式土器群と遠賀川系土器との共伴関係についての検討（小林ほか 2008c）などがおこなわれ、現在に続く議論の一つとなっている。

　縄紋草創期の研究では、土器の出現（谷口 1991）および住居の出現の両側面（小林 2008d）において $^{14}$C 年代測定研究の成果が大きく貢献してきた。

　遺構の構築・生活・廃棄・跡地利用など形成過程の時間や遺構の性格の評価について、年代測定成果から考察することも盛んになり、筆者は火災住居における構築材の年代測定結果のばらつきからみた縄紋時代住居と弥生時代以降の住居での構築材の調達方法が異なる可能性（小林 2012c）、村本周三らは平地住居の時間的位置づけ（村本 2009）を検討した。また。遠部慎らは竪穴住居覆土内の $^{14}$C 年代測定試料のコンタミネーションについて（遠部ほか 2009）、早瀬亮介は遺構出土試料のサンプリングについて検討を加えるなど（早瀬 2009）、試料の出土状況に対する注意やサンプリングの検討についても議論が深まっていった。

　縄紋時代の始まりに関しては、国立歴史民俗博物館の企画展「縄文はいつから⁉—1 万 5 千年前になにがおこったのか—」（開催期間 2009 年 10 月 14 日〜2010 年 1 月 24 日）が開催され、宮尾亨による土器の出現、小畑弘己による弓矢の出現、筆者による定住化や、工藤雄一郎による自然環境の変化を取り上げた歴博フォーラムでの議論がおこなわれた。そして縄紋時代の始まりに関する議論の集大成として、国立歴史民俗博物館フォーラムでの研究討論をまとめた『縄文はいつから⁉　地球環境の変動と縄文文化』が刊行された（小林・工藤編 2011）。その中で筆者は、完新世の始まりに対比される環境変動の大きな画期とも合致し、結果的に縄紋文化を代表する「土器の普及」「弓矢」「定型的な住居施設」「土偶・石偶」が出そろう隆線文土器の時期からを「縄紋時代草創期」とするべきと改めて主張した（本書第 10 講参照）。

　2012 年には、工藤雄一郎により『旧石器・縄文時代の環境文化史　高精度放射性炭素年代測定と考古学』（工藤 2012）が刊行され、縄紋文化の実年代による生態史が注目された。

2013 年には、$^{14}$C 年代測定の較正曲線が、水月湖の湖底堆積物などのデータにより後期旧石器時代 5 万年前までをカヴァーする INTCAL13 に更新された（Reimer *et al.* 2013）。旧石器時代はもちろん、縄紋草創期の実年代比定に大きな影響を与えた（工藤 2012）。

弥生開始年代・前期古墳構築年代研究でその必要性が指摘された日本産樹木年輪による較正曲線構築（尾嵩ほか 2005）については、いまだ大きな課題として残されている。日本産樹木年輪試料による較正曲線（JCal）をつくることは、大きなコストを要し実現性には難しいところもあろうが、酸素同位体分析の進展とあわせ、構築へ向けて努力が続けられていく必要があろう。

安定同位体比の分析による食性復元も成果があげられている。安定同位体（炭素 13 や窒素 15 など）による検討は、年代測定の確度を向上するために重要であるとともに、試料の由来を探る材料として検討が進んできた（坂本 2007）。吉田邦夫（2006）や國木田大（2008 ほか）は、土器付着物の安定同位体比により、海産物や C$_4$ 植物の利用、クッキー状炭化物の分析（國木田ほか 2010）などについて検討を深めている。同様な手法で、工藤雄一郎は、特に草創期についてのあり方を探る（工藤 2015）。筆者は、$^{13}$C のあり方と $^{14}$C 年代が古く出たデータとの相関が高いことから、$^{13}$C が－24‰ の数値よりも重い（マイナスの場合は絶対値が小さく、数値が大きい）試料の出現率を集計して、晩期〜弥生移行期の海産物利用の地域ごとのあり方を検討した（小林 2014a）。食性復元は、言い換えれば植物利用の歴史的検討である。工藤雄一郎が編集した『歴博フォーラム　ここまでわかった！縄文人の植物利用』（工藤編 2013）には、同位体分析に関わる多くの話題が収録されている。同位体から探っていく別の面として、環境史的なアプローチも進みつつある。

## 第 3 節　研究史からみた炭素 14 年代測定研究の課題

先史時代資料の年代測定方法として、AMS を用いた $^{14}$C 年代による高精度編年の手法は、特に 2000 年以降において、大きく進展しつつある。$^{14}$C 年代測定以外の年代測定技術をみると、熱ルミネッセンス法による焼成遺物の年代測定、石器の風化層の厚さから新旧関係を推定する試み、フィッショントラッ

第5講　縄紋時代研究と炭素14年代の関わり　53

ク法による年代測定があるが、現時点では測定精度が十分とはいえず、少なくとも縄紋・弥生時代研究には $^{14}$C 年代および年輪年代の二つの方法が、理論的にも、実際的にも先んじている状況である。

　$^{14}$C 年代法は、2000 年に開かれた二つのシンポジウムによって、研究史的な画期を迎えたといえる。7 月に佐倉市で開かれた日本文化財科学会「シンポジウム考古学と年代測定—測定値の意味するところ—」（佐原ほか 2000）と、8 月に国立歴史民俗博物館で開かれた日本第四紀学会「21 世紀の年代観—炭素年から暦年へ—」（辻 2001 など）で、炭素年代測定元年として位置づけようとの採択がなされた。前節にみたように名古屋大学などの加速器質量分析計が実効的に成果をあげ始めると、$^{14}$C 年代研究の進展はますます盛んとなり、$^{14}$C 年代測定をテーマとして、さらに多くのシンポジウムが開催されるようになった。[3] ここでは、近年の $^{14}$C 年代研究についていくつかのトピックにまとめ、概観してみたい。その結果、今後の研究への展望へつながるような課題を整理することができるだろう。

### 1.　測定値の扱いをめぐる齟齬——考古学者の理解を深める努力——

　日本考古学全体でみれば、年代測定研究は、現時点においても、いまだ十分な研究方向が見いだされているとは言いがたく、極端にいえば、単に測定し結果を報告書に掲載するに留まっている場合がある。また、2002 年度の日本第四紀学会高精度 $^{14}$C 年代測定研究委員会公開シンポジウムの際には、谷口康浩（2002c）が、それまでの $^{14}$C 年代の測定結果によると縄紋時代中期の五領ヶ台式土器と勝坂式土器との間で、$^{14}$C 年代が逆転するような場合があると指摘した際には、出席した自然科学側の研究者と考古学側の研究者との間の意見交換において、互いの結果が間違いである可能性を指摘しあうような齟齬が認められた。

　しかし、考古学的状況（層位的出土状況など）においても、年代測定においても、新旧が逆転する、または逆転するようにみえる状況は、多くの要因によって生ずることであり、合理的に説明できる場合が多い。たとえば、谷口が示した五領ヶ台式期に伴う試料のうちの新しい年代を示す試料は、五領ヶ台式の新しい段階に属す住居跡出土の炭化物の測定であり、より新しい時期も重複す

る遺跡であるから、出土状況には十分留意する必要がある。考古学者側も、$^{14}$C 年代はあくまで測定値であってそのまま年代として用いるべきではないこと、暦年較正曲線が暫定的とはいっても、整合性は高く、暦年較正年代によって年代を考えるべきことを理解すべきである。

そのためにも、考古学研究者全般へ向けて、さらに理解を深める努力が必要である。たとえば大学教育における 2004 年度の考古学講座をみても、年代測定研究が少なくとも表題にある講座は皆無である。考古学の専門教育の中に年代測定研究の講座を取り入れる等の必要があるのではないだろうか。

## 2. 単なる測定から研究目的をもった測定へ──試料の選択から分析まで──

考古学における $^{14}$C 年代の利用は、様々な形での応用も模索されるようになってきた。山本直人は、研究方向について一定の指針や問題点を示すとともに、北陸地方の縄紋～弥生時代の試料を中心に、小田寛貴との共同研究で、$^{14}$C 年代測定の成果を提示して総合的な検討をおこなってきた（山本 1999、小田・山本 2001 ほか）。山本は、大別型式ではあるが、縄紋土器型式に細かな暦年を与えることで、具体的な歴史像の復元を構想し、また貯蔵穴の年代測定によって、居住集落と貯蔵穴集中地点との関係を明らかにする試みをおこなうなど、非常に優れた着眼点を提示し、かつ実践した。2002 年には、縄紋集落や土器型式の継続期間についての山本の研究成果が、科学研究費研究成果報告書として提示されている。

年代研究を発展させるためには、山本直人も目指したように、まずは、精緻な型式編年研究が進んでいる縄紋土器の特性を生かす意味でも、時期的な単純遺跡での集中的な測定[4]や、確実な連続組列が判明している土器群に対して、集中的に年代測定をおこなうこと、さらに層位的関係の明確な試料（包含層の共伴炭化物は、混入の危険性を消し得ないため避けるべきと考える）、たとえば集落遺跡での重複竪穴住居群などから得た、伴出土器の確実な炭素試料を扱うべきである。また、試料自体の特性の検討を重ねるべきである[5]。炭化材など、樹木では、試料採取した位置の年輪分、伐採年よりも古くなる（古木効果）。たとえば針葉樹などで成長の遅い樹木で中心に近い試料であった場合、かなり古い年代が得られる可能性があるし、樹種によっては形成層が圧縮されて残さ

第 5 講 縄紋時代研究と炭素 14 年代の関わり 55

れている樹皮部分などを年代測定すれば、樹齢の平均的な年代が得られることになる。また、貝塚の貝殻は、海洋リザーバー効果の影響があり、海洋リザーバー効果を取り入れた暦年較正が必要であるが、海洋リザーバー効果には海域によって大きな偏りもみられるので注意が必要である[6]（米田 2003）。繊維土器の繊維を分析する場合は、土器自体の胎土・鉱物に含まれる古い炭素を混入させる可能性がある。貝殻の測定や、繊維土器に対する測定は、吉田邦夫が検討を試みている（吉田・大道 2005 など）。土器自体に付着する炭化物の場合は、その由来するところが不明な場合（外側につく炭化物の場合、調理の際の吹きこぼれと煤との場合がある）や、調理の焦げとしてもその材料は不明な場合が多く、たとえば海洋性の食料に由来する場合は、古い年代となるはずである（今村 1999、米田 2003）。また、筆者らの経験則に過ぎないが、土器付着炭化物の中には、製作時・使用時の煤や調理の焦げではなく、アスファルトなど他の物質に由来する可能性も含まれ得る。この点から考えるならば、永嶋正春が主張する漆（永嶋 2002）や、一年生植物や種実、炭化材においても樹皮のすぐ内側部分・枝部分などが、年代測定に適しているが、土器との共伴関係に特に注意すべきである。層位的な共伴関係では、特に小さな炭化物については浮遊などにより、混在の可能性が否定できない。土器以外では、土器の精緻な相対編年に対比できる編年的位置づけを得るのは著しく困難である。いずれにせよ、試料の選択が最も重要である。

　筆者は、今村峯雄・坂本稔・西本豊弘らとの共同研究として、$^{14}$C 年代測定を、土器付着炭化物および住居跡出土炭化材を中心に関東・中部・北陸・南東北を主対象として直接に試料を採取し、測定のための前処理までをおこない、東日本縄紋時代を中心に 1000 点以上の測定結果について一元的に蓄積を図ることで、縄紋時代中期の高精度編年を目指し、統計的にみてきわめて整合的な結果を得てきた（小林 2004a・2006b・2007a）。同時に、土器型式の時間的位置だけではなく、$^{14}$C 年代測定を利用した土器・集落の研究として、竪穴住居の重複関係や同時存在住居の関係、同一住居内での炉内・床面・覆土中などの出土位置による集落内での時間的関係による、$^{14}$C 年代測定を整理することで、青森県三内丸山遺跡[7]（小林 2005）や東京都目黒区大橋遺跡（小林ほか 2003a）など縄紋中期集落の実年代を明らかにする作業を進め、土器研究、集

落研究での実践例としてまとめた（小林 2004a）。筆者は、${}^{14}$C 年代測定を単なる年代比定のみならず、そこから派生して様々な考古学的問題への検討の糸口とすることを主張してきた。土器型式の存続期間、土器編年との対比、出土状況との対比など、相対的な時間尺度しか扱ってこなかった考古学的手法に対し、新たな研究方向を示し得たと考える。

## 3. より高精度の ${}^{14}$C 年代測定への努力

　谷口康浩は、土器出現期である縄紋時代草創期（谷口 2002a）、早期（谷口 2002b）における土器の ${}^{14}$C 年代および暦年較正を、日本列島と極東地域との比較研究として積極的に取り上げている。これまでの成果の積み重ねにより、[8] 土器の発生が晩氷期に遡ることが確実となった。ただし、暦年較正の較正曲線である INTCAL [9] において 10450cal BC（cal は較正を意味する calibration の略記であり、BC は紀元前表記、BP は 1950 年を起点に何年前かという表記である）を遡る年代については樹木の年輪年代から得られていない点や、海洋リザーバー効果 [10] の見積もりが容易ではない点 [11] など、高精度の年代推定をおこなうには困難も多い。また、大平山元 I 遺跡での測定結果は、${}^{14}$C 年代で 12680 ± 140${}^{14}$C BP から 13780 ± 170${}^{14}$C BP の 6 点（うち 1 点は木炭、他は土器付着物）の値が得られており、そのうちの最も古い数値からの暦年較正で 16000BP を遡るとするのは、妥当とはいえない。谷口は、草創期土器群 1 期の年代として ${}^{14}$C 年代を 13500–12700${}^{14}$C BP、暦年較正を 14800–13750cal BC として、「日本における土器の起源は 14250cal BC（16200cal BP）前後に遡る」（谷口 2002a）とするが、最も古い場合の年代の可能性であって、16000cal BP を遡る年代に確定したのではないことに留意したい。測定例を増やすとともに、結果のみならず、出土状態・試料の状況も含めて比較検討する必要があろう。古い測定値・都合のよい測定値を優先することがあると、数値の一人歩きを招きかねない。十分に留意して、測定結果の報告については、測定資料の明示や処理や測定の方法、計算方法、解釈などについて丁寧な報告を心がけたい。

　さらに較正年代の基となるデータベースについても、弥生時代を対象としたものであるが、日本産樹木を用いた較正曲線の整備 [12] も試みられている（尾嵜ほか 2005 など）。較正曲線自体の検証と同時に、日本列島の地域に即した較正

曲線（JCal）ができれば、より高精度の較正年代の推定も可能となろう。

### 4. 研究の広がり

$^{14}$C 年代と別に、近年において試みが重ねられつつある方法として、縄紋時代のクリ材の年輪年代がある。スギ・ヒノキを用いた年輪年代は、光谷拓実によって検討が重ねられ、光谷によればヒノキは紀元前 912 年まで、スギは前 1313 年までの暦年標準パターンが作成されている（光谷 2001 など）。弥生時代の暦年については、光谷拓実が大阪府池上曽根遺跡（弥生中期後半）掘立柱建物跡の柱 No.12 のヒノキの年輪年代で BC52 年に近い創建年代と推定、兵庫県武庫庄遺跡の掘立柱建物跡柱材や滋賀県下之郷遺跡の弥生中期後葉のスギ製の盾について BC200 年に近い伐採年代を推定するなど、従来の土器研究での暦年比定よりも古い年代が提示され、議論を呼んでいる。これについても、これまでに測定された $^{14}$C 年代の測定によって、弥生時代の年代が従来の考えよりも古い年代である可能性が、今村峯雄によって提示されている（今村 2001、春成ほか 2003 など）。また、年輪年代が比定されている材について、10 年の年輪幅のピッチで数点の試料を採取して $^{14}$C 年代を測定し、較正曲線と比較するウイグルマッチングで暦年代を傍証する試みも、今村峯雄・坂本稔・中村俊夫らによって試みられている（坂本ほか 2006、中村・木村 2004 など）。

いずれにせよ、弥生時代の暦年代については、年輪年代法、$^{14}$C 年代測定の成果と、考古学的・歴史的な事象との整合性を議論していく必要が生じている（今村 2001）。一方、縄紋時代において、特に東日本では、クリに代表される環孔材や散孔材など広葉樹が多く利用されており出土するが、周辺環境の影響を受けやすく年輪年代の偏差が大きい可能性があること、成長が早く十分な年輪パターンを得られないことから、年輪年代は難しいとされてきた。しかし、木村勝彦らは、遺跡出土のクリ材の年輪年代を検討し、少なくとも遺跡内でのシリーズについて、ある程度の連続を得る成果を示している（木村 2002、木村ほか 2002）。さらに近年では酸素同位体と年輪年代を組み合わせることで、高精度の年代決定が可能となってきた（木村ほか 2014、中塚 2015）。

$^{14}$C 年代測定から派生した研究として、土器付着物の同位体分析などによる

調理物の内容復元へ向けての研究もおこなわれるようになってきた。土器付着物自体がどのような由来であるかは、年代測定結果に対する影響を探る上でも重要である（海産物のお焦げである場合の海洋リザーバー効果の影響など）と同時に、縄紋時代の食生活を復元する材料ともなる。筆者と坂本稔は、安定同位体比の検討などを通し、土器付着物が、海産物の調理や、アワ・ヒエなどを含む $C_4$ 植物に由来する場合に、$\delta^{13}C$ 値（炭素 13 安定同位体比）などによって検討できることを指摘した（坂本・小林 2005）。また、$^{14}C$ 年代測定に伴う問題点の一つにあげられる海洋リザーバー効果の影響について、神奈川県稲荷山貝塚の事例研究から、貝層中出土炭化物と同一時期と考えられる土器付着物との測定結果を比較し、土器付着物が $^{14}C$ 年代で 400〜500 年古い結果を出すこと、同時に安定同位体比である $\delta^{13}C$ 値が $-20$〜$-24$‰ で重く、海産物の調理による炭化物であることの指標になると捉えた（小林ほか 2005a）。

このように、$^{14}C$ 年代測定研究は、単に $^{14}C$ 年代値を測定するという分析ではなく、較正年代という形で暦年代を推定し、集落や土器型式の継続時間など考古学的な課題に直接的に関与し、土器付着物の性格解明や年輪年代的手法とリンクするなど、さらなる方法論的深化を図りつつある研究手法なのである。

## 第 4 節　研究史のまとめと展望

世界的には、チャイルドとクラークによってなされた農耕のヨーロッパへの伝播をめぐる有名な論争によって、研究上の大きな転換がおこなわれたといわれている（今村 2004）。チャイルドによる西アジア・ヨーロッパの年代体系に対して、1961 年に J. G. D. クラークが $^{14}C$ 年代による枠組みで再構築することに成功したのを、1973 年にレンフルーが「第一次炭素 14 年代革命」と評価したのである。

研究史においてみた 1 期におけるリビーの $^{14}C$ 年代の確立と夏島貝塚での実践を、日本考古学での第一次 $^{14}C$ 革命とすると、その後、日本ではむしろ年代測定は報告書の最終頁に掲載するだけの分析としてルーティン化し、実際的な研究と遊離していった。しかしながら、AMS$^{14}C$ 年代測定が進展すると同時に、その精緻な年代測定によって、まず弥生時代の開始年代について新説の提

示（春成ほか 2003）があり、大きな議論を呼んだ。同時に、縄紋時代研究においては、単に年代が古くなるというに留まらない、新しい研究の波として議論を呼んだ。日本考古学における、$^{14}$C 年代による考古学第 2 次革命は、まさに上述した 4 期における、縄紋土器研究・集落研究における $^{14}$C 年代の応用によって、起きつつあると主張したい。

　近年における研究動向から、研究の現状と問題点は、下記のようにまとめられる。

　1）縄紋時代研究では、当初より $^{14}$C 年代測定法が重視されてきた。キーリー・武藤の年代案（キーリー・武藤 1982）が、大きな影響力をもちつづけてきたことからわかるように、$^{14}$C 年代による年代づけが一般化した。そのためにかえって近年においては較正年代への理解が妨げられてきた可能性もある。

　2）土器型式の時間幅、住居の構築年代、層位の堆積年代など、測定結果と考古学的コンテクストとの対比検討が重ねられつつある（小林 2004a）。今後、測定の信頼性を高める目的においても、考古学的調査・整理方法の再検討をおこなう必要からも、炭化物・木材・漆・種子・土器付着物など試料の種類や、フローテーションなど出土状況との関係について、検討をおこなっていく必要がある。

　3）年輪年代測定と $^{14}$C 年代測定の整合性についても、検討が進められ、さらに進んで日本産樹木による較正曲線の構築も模索されている（尾嵩ほか 2005）。弥生時代後期の一部の時期（紀元 80～200 年頃）を除き、INTCAL と大きな離齬はないと予想されるが、より高精度の年代体系構築へと連なる可能性もあり、進展が期待される。

　4）土器付着物に対する安定同位体分析などがおこなわれるようになり、年代測定用試料の由来（海洋リザーバー効果や汚染除去の担保など）に検討が及ぶことが可能となったことで、年代測定の上での弱点の克服のみならず、さらに土器付着物の内容解明へと展開しつつある（坂本・小林 2005 など）。

　5）縄紋時代の年代観は、大きく $^{14}$C 年代測定の成果によっており、さらに近年では、較正年代により、実際の暦年代に近づける努力が重ねられている。土器の発明に関わる縄紋草創期の開始期の問題や、弥生時代の始まりの年代の問題によって、縄紋時代自体の定義について再検討が求められつつあるが、年

代的枠組み自体についても議論が深められている。縄紋時代の始まり（小林 2012d）や終わり（小林 2004b）がいつかという問題は、年代学的な問題であると同時に、歴史区分論であり、包括的な議論が必要である。

　$^{14}$C 年代測定は、すでに関連科学ではなく、いわば層位学と同じように、考古学的方法論の一環に組み込まれたといえる。そもそも考古学の性格を考慮するならば、その根本となる方法論は、生物学の分類体系から移入した型式学的分析と、地質学から導入した層位学とにある。すなわち、博物学的・集成研究的な好古から脱却するために、他分野の方法論を、物質文化研究および歴史学研究に適した形に加工し、用いることによって、総合的な学問へと転化してきたのであり、まさに年代測定研究についても同然と考える。むしろ、考古学者が年代測定に対し、正しく理解し、適正な利用をおこなうことが求められているといえよう。


## 註

（1）山本直人は、縄文時代文化研究会『縄文時代』において、1998 年度以前の総論および、1999 年度、2000 年度の学界動向として、$^{14}$C 年代測定を中心に、「関連科学研究　年代測定」（山本 1999 ほか）をまとめている。

（2）年代データの $^{14}$C BP という表示は、西暦 1950 年を基点にして計算した $^{14}$C 年代（モデル年代）であることを示す（BP または yr BP と記すことも多いが、本書では $^{14}$C BP とする）。$^{14}$C の半減期は国際的に 5568 年を用いて計算することになっている。誤差は測定における統計誤差（1 標準偏差、68% 信頼限界）である。

（3）たとえば、2002 年の 1 年間を取り上げても、2002 年 1 月 12 日に名古屋大学年代測定総合研究センターにおいて第 14 回名古屋大学タンデトロン加速器質量分析計シンポジウム・AMS 研究協会第 4 回 AMS シンポジウム、2002 年 3 月 3 日に日本大学文理学部 100 周年記念館において日本第四紀学会高精度 $^{14}$C 年代測定研究委員会などにより第 1 回高精度 $^{14}$C 年代測定研究委員会公開シンポジウム、2002 年 9 月 7 日に国立歴史民俗博物館において Workshop on Application of Cosmogenic Nuclides to Geoarchaeology がおこなわれ、内外の研究成果が討議された。また、日本考古学協会総会（吉田 2002）や日本文化財科学会（今村ほか 2002）でも、多くの年代測定に関する研究発表がおこなわれている。

（4）なお、時期的な単純遺跡でも、その年代がそのまま遺跡の実際の年代を示すとするべきではない場合もある。八戸市是川中居遺跡では、大洞 B 式土器を伴う同一の層位出土のトチノキ種皮（$^{14}$C 年代で 3140 ± 40$^{14}$C BP など）と木胎漆器漆塗膜

（同じく 3030±30 $^{14}$C BP など）の $^{14}$C 年代測定で、約 100〜200 年の差が出ている。種子および木胎漆器では、それぞれ複数の試料について測定され、それぞれの年代はおおむね整合しており、試料による測定結果の差が生じている形となっている。是川中居遺跡の当該試料出土地点は低湿地遺跡の地区であり、水場遺構に関連する種実が多量に出土したが複数の層位において同様の年代が測定された種実が出土しており、浮遊より新しい堆積層に沈殿したのではないかと考えられる。こうした場合、何が正しいか、間違いかを短絡的に決めるのではなく、一土器型式の時間幅の中での新旧の位置づけや、$^{14}$C 年代を測る上での試料の特性、出土状況、遺物の帰属などを含め、検討していく必要がある

（5）炭素年代測定法自体に対して、考古学者の一部には、まだ根強い抵抗感があり、積極的な反対意見も出されているが、科学的に頷ける批判はほとんどない。それに対し、むしろ積極的に推進する立場から、様々な問題点が指摘・議論されており、解決に向けた試みが重ねられつつあるといえる。

　　たとえば、年代測定の方法などについては、試料選択と前処理について筆者（小林 2004c）が、試料調製や測定方法、海洋リザーバー効果について、さらに土器付着物の由来について坂本稔（2007）・今村峯雄（2004）による検討などが議論されている。試料の処理に関する問題点では、早傘がアルカ考古研究論集でも、試料中への土壌成分などからの汚染の混入について指摘している（早傘 2004）。こうした問題については、筆者も土器胎土や土壌中のミネラルからの汚染という問題として取り上げている（小林 2004c）など、国立歴史民俗博物館のグループや名古屋大学での検討がすでにおこなわれている。測定機関による差異についても、国際的に同一基準で比較研究がおこなわれており（中村ほか 2002）、測定の信頼性についての検討にも努力が重ねられている。

（6）土器付着物について、海洋リザーバー効果の程度を問題とする意見があり、その妥当性や見積もりに関して議論を呼んでいる（西田 2004、坂本 2007）。筆者は、青森県三内丸山遺跡出土土器の測定事例から、$\delta^{13}$C 値が 20‰〜24‰ の値を示すものについて、同類の土器付着物に比べ、数百年古い年代を示す例があることを示した（小林 2005）。また、稲荷山貝塚出土土器付着物などでも同様の事例を示し、海洋リザーバー効果の具体例とした（小林ほか 2005a）。海洋リザーバー効果の解明以外にも、土器付着物の検討は、年代測定の試料の性格を押さえておく上でも重要であるし、食文化解明への大きな示唆も得られる。

（7）三内丸山遺跡の年代研究は、辻誠一郎が積極的に進めている（辻・中村 2001）。今村峯雄は、大型建物跡とされる柱穴列の、75 年の年輪が確認できるクリ材（6 次調査確認・19 次調査取り上げの 11496 号ピット内木柱）について、10 年ごとの年輪サンプルでの年代測定をおこない、ウイグルマッチ法による実年代解析をおこなって、2820±15cal BC の伐採であることを明らかにした（今村 2002）。辻誠一郎は、三内丸山遺跡の大型掘立柱建物木柱や中央部掘立柱建物跡の木柱の測定値が榎

林式・最花式土器包含層の年代に近いこと、11号配石遺構墓出土クリ材も榎林式に近いことなどをあげ、三内丸山遺跡最盛期の建物群が従来いわれているよりも新しく、榎林式・最花式に伴い、かつクリを基調とした生業的な側面の時間的位置づけに注意すべき必要を指摘した（辻 2002）。

(8) 春成秀爾の言及（春成 2001）や、大平山元Ⅰ遺跡の報告（谷口 1999）で谷口康浩が論じているほか、多くの論考をあげることができる（小林ほか 2005f）。

(9) INTCAL98は、年輪年代による$^{14}$C年代の較正曲線1998年版である（Stuiver *et al.* 1998）。2004年度末にIntCal04（Reimer *et al.* 2004）、その後もIntCal09、Int-Cal13（Reime *et al.* 2013）と改訂が公表されたが、縄紋時代の早期以降をカヴァーする範囲については、大きな変更はない。Intcal13では水月湖の湖底堆積物の年稿を用いて、約5万年前までの較正曲線が整理された。近い将来にも標準試料の見直しを含めて改訂がおこなわれると考えられる。

(10) 海洋の深層水は、約1500年を周期に循環しているので、深層には古い炭素が溶けこんでいる。一般的に海洋水中の$^{14}$C濃度は、大気中に比べて低い。海産物は、陸上植物よりも平均で400年ほど古い$^{14}$C年代となる（小林・坂本ほか 2005aなど）。これを海洋の炭素リザーバー効果、略して海洋リザーバー効果と呼ぶ。海岸部に比較的近い立地の遺跡や貝塚遺跡で、炭化物の由来が海産物の食料残滓であった場合は、海洋リザーバー効果により、実際よりも古い年代が測定される可能性がある。貝などの暦年較正では、海洋リザーバー効果補正の較正曲線marine INT-CAL98を用いるが、試料の種類（たとえば人骨など海産物をある程度蓄積する場合）や海域によって海洋自体のリザーバー効果に差異が大きく、どの程度見込むかは難しい。

秋田県大館市池内遺跡の縄紋前期土器付着炭化物の$^{14}$C年代測定では、9点のうち、2点が、他のデータの4780-4940$^{14}$C BPから、それぞれ約300年、約1100年古くなった。このうち、1100年古かった例は、$\delta^{13}$Cの値が-22‰で、他の-25～-27‰と比べて高かった。これについて、今村峯雄は、海産物のお焦げである可能性を指摘している（今村 1999）。

(11) LoweとWalkerの指摘（Lowe & Walker 2000）。この指摘については、谷口康浩も紹介している（谷口 2002a）。

(12) 紀元前800年頃から紀元前200年頃までのIntCal04のデータについて、飯田市埋没林の樹木での検討がおこなわれた（尾嵩ほか 2005）。

# 第6講

## 縄紋時代前半期の実年代

### 第1節　研究の方法と試料

　縄紋草創期の実年代については、日本考古学における $^{14}$C 年代測定の導入以来、短期編年派と長期編年派との間で論争があった。その間、年代測定技術と暦年代への換算に関する蓄積が進み、炭素年代測定を採用した長期編年による理解が一般化した。縄紋時代の始まりの年代については、春成秀爾（2001）、谷口康浩（2002abc）や工藤雄一郎（2003 ほか）が $^{14}$C 年代を積極的に用いて土器の出現年代を検討している。日本考古学における $^{14}$C 年代測定が果たした役割については、山本直人が指摘するように（山本 1999）、リビーによる $^{14}$C 年代測定の当初から測定試料を供していたことがあげられる。研究史的な整理について第5講で述べたように、縄紋時代の始まりを探る研究には、当初より年代測定研究が深い関わりをもっており、基本的には、現在においても果たすべき役割は変わらない[1]。

　暦年較正のデータベースが、2005 年3月に IntCal04 として改訂された。98年版に比べデータベースの範囲が紀元前 22050 年（較正年代、以下、cal BC）から 24050cal BC に拡大され、年輪試料をもとにした部分も 9450cal BC から 10450cal BC に遡った。さらに 2013 年に IntCal13 として改訂され（Reimer *et al.* 2013）、旧バージョンでは海底堆積物や、サンゴを試料として海洋リザーバー効果を補正して使っていた古い段階の較正曲線のデータに替わって、水月湖などの湖底堆積物を用いて算出しており、過去5万年間の較正曲線の精度が大きく向上した。このことにより、縄紋草創期の実年代についても、より高い精度で推定することが可能となった。

## 第2節　縄紋時代草創期の年代測定

　縄紋早期・前期については東日本（関東・中部・北陸・東北）を対象として検討しているが、草創期については測定例が稀少なため日本列島全域について対象とし、他機関から公表されている測定例を加え359例を集成した。[2]

　以下には、炭素年代は$^{14}$C BP（1950年起点で表記）、較正年代はcal BP（1950年より何年前と表記、$2\sigma$で計算し、確率密度を％で示す）で表記する。

### 1.　大平山元I遺跡

　日本列島における土器発生期は、東アジア全体の中で比較検討するためにも、実年代の追究が求められる。谷口康浩も指摘するように、大平山元I遺跡の年代測定結果（中村・辻 1999）は重要であるため、IntCal13で再計算をおこなった（図10）。

　大平山元I遺跡の土器付着物は、同一個体と考えられる土器破片から5点が採取・測定され、$^{14}$C年代で13780±170$^{14}$C BP-12680±140$^{14}$C BPの幅をもって測定された。平均値は13070±440$^{14}$C BPと報告される（表2：中村・辻 1999）。土器出土のIII層から3点の炭化材が検出され、あわせて年代測定されている。そのうちの炭化材E5-100（針葉樹）で、13480±70$^{14}$C BPの年代値が測定されているが、他の二つの炭化材は縄紋早期にあたる7000$^{14}$C BP代の年代値であり、のちに層位に乱れがあることが確認されている。[3]

　中村俊夫による測定結果の報告では、土器付着物の測定結果について「試料が地中に埋まっている間、また発掘後の取扱中に、これらの炭化物試料が年代の若い炭素により汚染された可能性があるため、最も汚染が少ないと考えられる最も古い年代値を採用することも考えられる」としている（中村・辻 1999：111頁）。これを受けて考古学的な観点を加味して評価をおこなった谷口康浩は、大平山元I遺跡の土器の年代として、測定値の5点のうち、最も古い測定値、または古い方の測定値を重視し16000年前を超えるとした（谷口 1999：86頁）。

　こうした経緯は、当時としては妥当な判断であったが、その後の土器付着物の年代測定の経験が増すと、鉱物起源の炭素の混入により古く測定される結果

## 表2 大平山元Ⅰ遺跡測定値

| ラボ | コード | 試料名 | 出土区 | 種類 | 時期 | ¹⁴C BP | δ¹³C | calBP | % |
|---|---|---|---|---|---|---|---|---|---|
| NUTA | 6515 | D4-005 | Ⅲ層 | D4-005 | P | S0期 | 13210 ± 160 | | 16292 〜 15331 | 95.4 |
| NUTA | 6507 | E4-036 | Ⅲ層下部 | E4-036 | P | S0期 | 13030 ± 170 | -30.5 | 16102 〜 15131 | 95.4 |
| NUTA | 6509 | E4-030 | Ⅲ層最下部 | E4-030 | P | S0期 | 12720 ± 160 | | 15685 〜 14364 | 95.4 |
| NUTA | 6506 | E4-048 | Ⅳ層最上部 | E4-048 | P | S0期 | 12680 ± 140 | | 15562 〜 14348 | 95.4 |
| NUTA | 6510 | F5-017 | Ⅳ層 | F5-017 | P | S0期 | 13780 ± 170 | -29.6 | 17192 〜 16172 | 95.4 |
| Beta | 125550 | RH130 | Ⅲ層 | | C | S0期 | 13480 ± 70 | | 16496 〜 15996 | 95.4 |
| Combine | | | | | | | 13288 ± 50 | | 16171 〜 15776 | 95.4 |
| Beta | 125551 | RH131 | Ⅲ層混在か | | C | | 7710 ± 40 | | 8580 〜 8416 | 95.4 |
| Beta | 127791 | RH148 | Ⅲ層混在か | | C | | 7070 ± 40 | | 7972 〜 7826 | 94.9 |
| | | | | | | | | | 7805 〜 7800 | 0.5 |

P: 土器付着物　C: 炭化財

中村・辻 1999 をもとに IntCal13 および OxCal v4.3.2 により算出

青森県大平山元Ⅰ遺跡

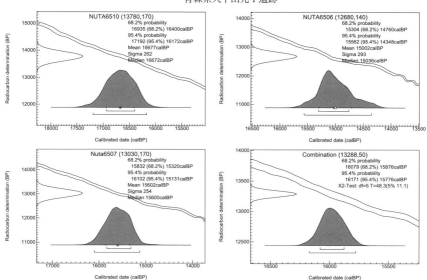

OxCal v4.3.2 Bronk Ramsey (2017);·r:5 ; IntCal13 atmospheric curve (Reimer et al 2013)

中村・辻 1999 を IntCal13 および OxCal v4.3.2 により再計算

**図10** 縄紋草創期年代測定試料1（小林 2007a 改変）

が認められるようになった。本例のような微量の土器付着物の場合、土器胎土や巻き込んでいた周辺土壌に含まれる鉱物に、起源の古い微量の炭素が含まれているとすると、本来の煤などに含まれている炭素量が十分であれば無視できる程度の極微量の鉱物起源の炭素（5万年以上前の炭素であれば $^{14}$C は壊変しており残っていない）が数パーセント含まれることで数百年程度古い測定値となることが予想される。実際に、筆者らが測定した事例では、二酸化炭素化燃焼時の炭素含有率が 10% より低い試料（肉眼的にもミネラル分が多く含まれる土器付着物の試料が該当することが多い）において、数百 $^{14}$C 年程度、他の同時期の試料に比べて古い年代値を示すものが認められる（小林 2004a）。大平山元 I 遺跡の測定事例については、不明なものもあるが炭素含有率が報告されている。それによると、回収量と $CO_2$ の炭素相当量の比で5～8% ときわめて低く、写真図版などから付着状況をみても、微量な土器付着物であったと捉えられ、上記の経験をもとに考えると、最も古い測定値が最も汚染が少ないとは言い切れないと捉え直すことができる。改めてみると、5点の土器付着物の測定値の平均値と、中央値がほぼ揃っていることから、平均的な数値をみておくのが妥当と考えたい。

　大平山元 I 遺跡の土器付着物測定結果において平均的な測定値といえる E4-036 の較正年代を算出した（表2）ほか、OxCal v4.3.2 の Combine プログラムで土器付着物および明らかに混在と思われる新しい年代を示す炭化物を除いた計6点をまとめた年代値による較正年代を図10に示すが、15000～16000年前の間に含まれる較正年代となる。後述するように、草創期の測定例を土器型式ごとにまとめて連続的に推移すると仮定し、そのグループ間の時間幅を推定する Contiguous phases プログラムを用いて無紋土器の最初の年代を算出すると、あくまで統計的な推測値であるが $2\sigma$ の有効範囲で 16372-15533cal BP の中に含まれ、ベイズ統計で最も確率密度が高くなる Median の値で 15862 cal BP を示す。較正値によるので1の位に意味はなく、15860cal BP としておく。

　現時点において、あえて大平山元 I 遺跡の年代を推定するならば15500年前よりは古いと考えられるので15800年前頃と捉えておくのが妥当と考える。

　このほか、隆線文直前段階に相当する東京都御殿山遺跡土器付着物（図11）

第6講　縄紋時代前半期の実年代　67

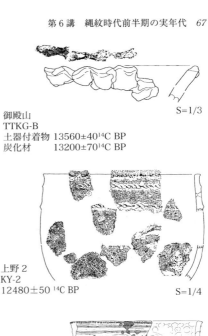

御殿山
TTKG-B
土器付着物　13560±40 $^{14}$C BP
炭化材　　　13200±70 $^{14}$C BP

S=1/3

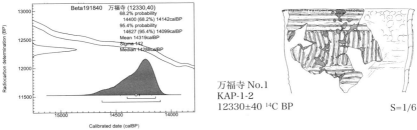

上野2
KY-2
12480±50 $^{14}$C BP

S=1/4

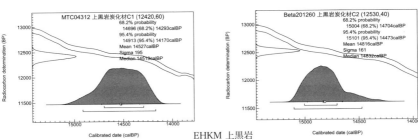

万福寺 No.1
KAP-1-2
12330±40 $^{14}$C BP

S=1/6

EHKM 上黒岩

OxCal v4.3.2 Bronk Ramsey (2017):-r:5 ; IntCal13 atmospheric curve (Reimer et al 2013)

IntCal13 および OxCal v4.3.2 により再計算

**図 11**　縄紋草創期年代測定試料 2（小林 2007a 改変）

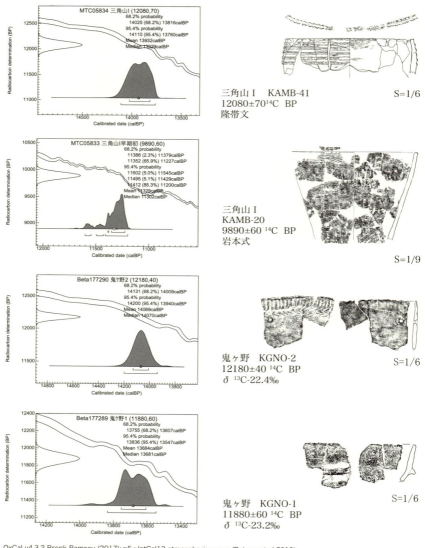

図12 縄紋草創期・早期年代測定試料3（小林 2007a 改変）

から南九州の隆線文土器付着物（図12）まで、多数の測定を重ねてきた事例を図示しておく。

## 2. 縄紋時代草創期と早期の境

図13に示す縄紋草創期と早期の境について、OxCal v4.3.2のContiguous phases Modeleに従い、連続する型式がそれぞれ時間的なまとまりとみなして、それぞれのイベントの年代範囲とその境界を推定すると、11565-11224 cal BPの間に時間的境界がある可能性が高く、Medianが11345cal BPとなる。旧稿（2007a）での推定値11500cal BP頃と大きな矛盾はなく、ここでは早期の始まりを暫定的に11345cal BPとしておく。

## 第3節　縄紋時代早期の年代測定

撚糸紋・押型紋から縄紋早期と捉え、多縄紋より新しく、早期初頭撚糸紋・押型紋系から早期末葉条痕紋系土器までの測定結果を扱う。

旧稿（2007a）の段階では、北陸・関東・東北（早期初頭については、特に測定事例が乏しいので九州・四国例も含む）の資料で、33測定例から検討を加えたが、その後の測定例および他機関の測定例を含めて484測定例を集成し、検討した（図14・15）。以下に、撚糸紋段階と沈線文・貝殻条痕紋段階に分けて測定例を検討する。時期については、旧稿（小林・坂本 2015）での区分に新しい時期を追加してS3～S8期としてまとめた。ここでは、早期と前期の境の年代をみる事例として、東海系早期末葉土器群の付着物を年代測定した事例を以下にまとめておきたい。

縄紋早期末葉については滋賀県入江内湖遺跡（遠部ほか 2007）などでの東海系貝殻条痕紋系土器群（神ノ木台式並行、天神山式、塩屋式が6355-6160[14]C BP、較正年代でおおよそ5450-5050cal BC）にあたることから、その間の6800-5500cal BCの間に沈線文・貝殻条痕紋前半期までが相当することになり、関東地方の間見穴遺跡例は貝殻条痕紋土器前半期鵜ヶ島台式新段階、神明上遺跡例は貝殻条痕紋後半期神ノ木台式古段階、SFC遺跡例は同じく上ノ山～入海式に相当し、限定的な資料ながらほぼ対応する年代を示した

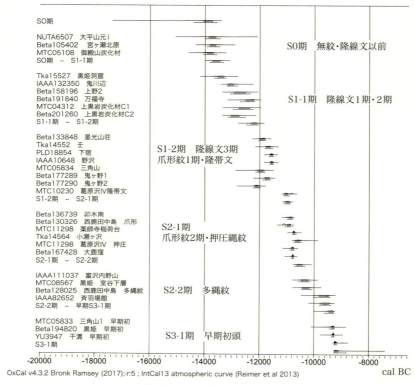

(IntCal13 および OxCal v4.3.2 Contiguous phases モデルによる)

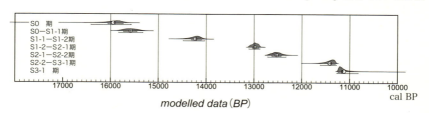

**図13** 縄紋草創期時期別の較正年代推定値

第 6 講　縄紋時代前半期の実年代　71

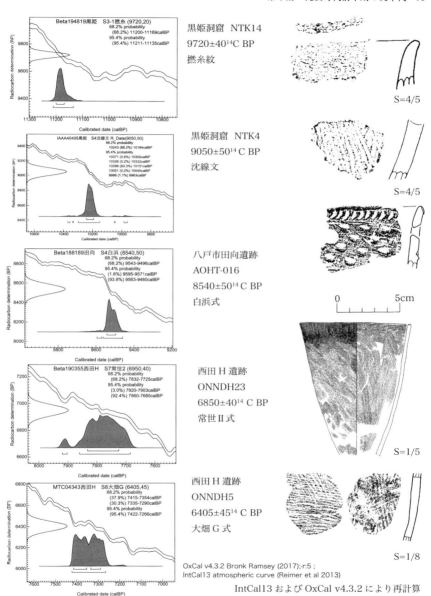

図 14　縄紋早期年代測定試料 1（小林 2007a 改変）

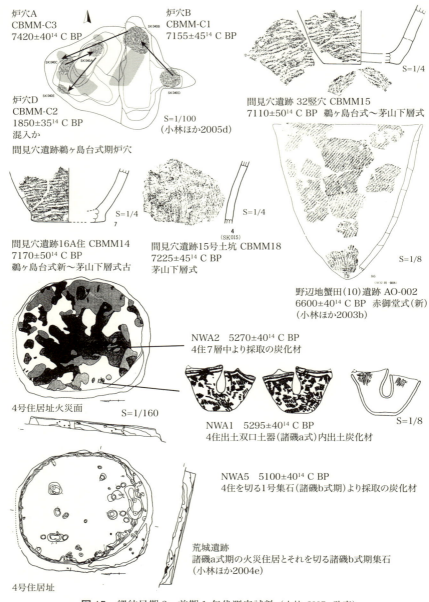

図15　縄紋早期2・前期1年代測定試料（小林 2007a 改変）

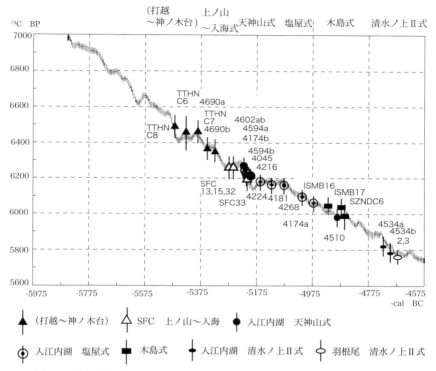

**図16** 縄紋早期末葉〜前期初頭の年代測定試料測定値と較正曲線（IntCal09）
（小林 2012a 改変）

（小林 2012a）。図16に、入江内湖遺跡・羽根尾遺跡の縄紋早期末葉〜前期初頭の土器付着物の測定値を較正曲線に配した図を示す。土器型式の順序によって準ウイグルマッチとして図示している(4)。

関東地方の早期後葉については、千葉県飛ノ台貝塚で炉穴出土の野島式〜茅山式期の種子試料（小林・坂本 2011）や、千葉県間見穴遺跡の鵜ヶ島台式期の土器付着物など（小林ほか 2005d）の測定例がある。

新潟県津南町下モ原III遺跡の前期初頭布目式土器付着物の測定値などを勘案すると、早期末は、おおよそ今から7000〜7400年前の間となるが、布目式土器付着物の事例は海洋リザーバー効果の影響を受けている可能性があり、この年代幅のうちの新しい時期と考えられる。

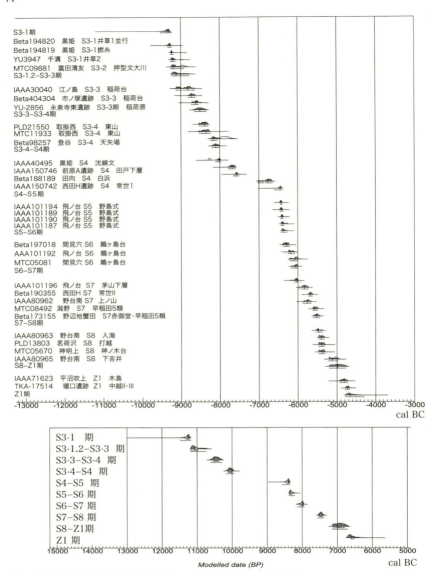

図17　縄紋早期時期別の較正年代推定値

図 17 に示す早期と前期の境について、OxCal v4.3.2 の Contiguous phases Modele に従って、連続する型式がそれぞれ時間的なまとまりとみなして、それぞれのイベントの年代範囲とその境界を推定すると、7141–6727cal BP の間に時間的境界がある可能性が示される。Median は 6932cal BP となる（図 17）が、特に大きなピークはなく標準偏差をみても幅広い年代範囲を示している。早期末前期初頭とも測定例が多いとはいえず、再検討を重ねていく必要があるが、この間の較正曲線の変動を踏まえ、7050〜7000 年頃に境があるのではないかと考え、仮設的ながら 7050cal BP に境があると捉えておく。

## 第 4 節　縄紋時代前期の年代測定

　縄紋前期については旧稿でまとめた（小林 2007a）後も、黒浜式期の事例（野田貝塚、水子貝塚）や円筒下層土器群について検討を重ねてきた。前期の東日本を代表する遺跡である神奈川県小田原市の羽根尾遺跡の土器付着物（図 18）や北陸地方を代表する石川県七尾市の三引遺跡の土器付着物・共伴試料の測定研究もおこなっており、充実しつつある（小林 2012a）。ここでは、旧稿（小林 2007a）での成果にプラスして羽根尾遺跡など新規におこなった測定結果を重ね、他機関の測定例を含めて 448 例を集成した。

　神奈川県羽根尾遺跡（図 18）で縄紋前期初頭・関山式・黒浜式および東海系の清水ノ上 II 式（関山 II 式並行）、中部地方の釈迦堂 Z 3 式の土器付着物を測定しており、通期的に検討できる（小林 2012a・2018）。羽根尾貝塚の測定例のほかに山梨県堰口遺跡、埼玉県水子貝塚などの測定結果をもとに較正年代を推定できる（小林 2012b・2013a）。

　土器編年の上で並行関係が辿れる南東北地方大木 3〜6 式についても山形県小山崎遺跡や岩手県滝ノ沢遺跡などで測定を重ね、おおよそ年代観を得ることができた（図 19）。

　この結果、前期における型式別の実年代推定は図 20 のように推定した。

## 羽根尾遺跡
清水ノ上II式

KNOD3
5760±25 $^{14}$C BP

KNOD2
5760±25 $^{14}$C BP

KNOD21
5915±25 $^{14}$C BP

関山I式

KNOD13
5930±25 $^{14}$C BP

関山II式

KNOD6
5730±25 $^{14}$C BP

KNOD12
5740±25 $^{14}$C BP

KNOD15
5715±25 $^{14}$C BP

黒浜式

KNOD9
5860±25 $^{14}$C BP

KNOD18
5910±25 $^{14}$C BP　内面
5710±25 $^{14}$C BP　外面

KNOD10
5325±25 $^{14}$C BP

KNOD
55355±25 $^{14}$C BP

KNOD7
5440±25 $^{14}$C BP

KNOD1
5315±25 $^{14}$C BP

釈迦堂Z3式

KNOD8
5450±25 $^{14}$C BP

KNOD19
560±25 $^{14}$C BP　内面
5425±25 $^{14}$C BP　外面

KNOD17
5390±25 $^{14}$C BP

図18　縄紋前期年代測定試料2（小林 2012a 改変）

第 6 講　縄紋時代前半期の実年代　77

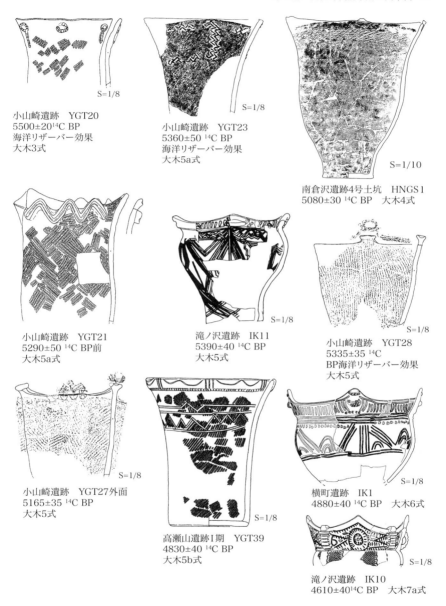

図 19　縄紋前期後葉〜末葉測定試料（小林 2007a 改変）

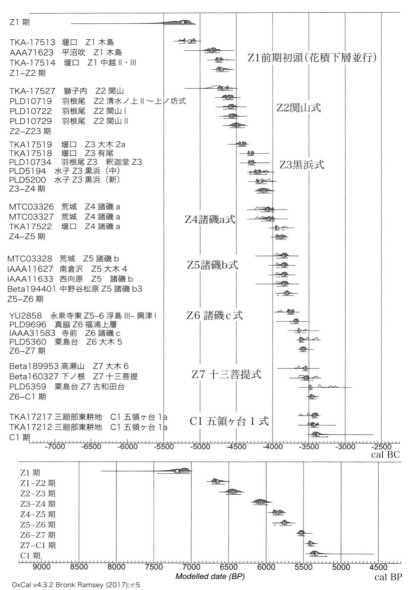

(IntCal13 および OxCal v4.3.2 Contiguous phases モデルによる)

図20 縄紋前期時期別の較正年代推定値

## 第5節　縄紋時代前半期の年代

　東日本の縄紋早期前葉の年代測定事例は、決して多くない上に、土器型式ごとの年代を押さえるだけの好例に乏しく、難しいのが現状である。それでも少しずつではあるが、撚糸紋土器や、表裏縄紋土器、無紋土器付着物や共伴炭化材の測定結果が蓄積されてきた。近年筆者が測定した事例をあげると、茨城県守谷市永泉寺東遺跡稲荷原式土器共伴炭化物、千葉県取掛西貝塚（5）遺跡出土の炭化材、種実、静岡県裾野市の富沢内野山Ⅰ西遺跡撚糸紋大平A式土器付着物のほか、未報告資料もあるので今後報告を重ねていきたいが、以下に報告済みの測定例を中心に検討していく。

　表裏縄紋・撚糸紋系土器の成立から東日本の早期と捉えた上で検討を進める。新潟県黒姫洞窟の出土土器付着物および共伴炭化物試料の年代測定から、撚糸紋土器（10060±60$^{14}$C BP、9850±40$^{14}$C BP、9720±40$^{14}$C BP）を早期の始まりに関する年代値とみる。岩手県上台Ⅰの無紋土器（小林ほか 2005h）、群馬県白井十二遺跡、岐阜県宮ノ前遺跡の表裏縄紋など早期最初頭の土器付着物が10000$^{14}$C BP をやや遡り、長野県栃原岩陰遺跡下部出土の表裏縄紋土器付着物が9560-9680±40$^{14}$C BP（藤森 2012、小林 2012e）であることから、早期の始まりの較正年代は、11470-11185cal BP に含まれる年代となる（図17）。

　撚糸紋土器夏島式期については、黒姫洞窟測定例、静岡県八分平A遺跡測定例などで、9700-9300$^{14}$C BP を中心とした炭素14年代が測定されている。

　これらの年代は、夏島貝塚の貝層出土木炭をミシガン大学が1959年に測定した結果である9240±500$^{14}$C BP（番号 M-770）（杉原 1959）と大きな離齬はない。撚糸紋夏島式期は、11000-10800cal BP 頃と捉えておく。

　撚糸紋稲荷台式以降については、徐々に測定例が増えてきた。茨城県守谷市に所在する永泉寺東遺跡（試料記号 IBMRE）の縄紋早期稲荷原式土器を出土した JDB 土坑（旧62号土坑）No.25 の炭化種子試料 IBMRE-C1（YU-2856）は、$^{14}$C 年代で9340±35$^{14}$C BP、較正年代で8714-8538cal BC（91.6%）の年代の一時点である可能性が高い年代であった。

千葉県船橋市の取掛西貝塚（5）遺跡出土の炭化材、種実、貝殻の測定結果では、大浦山式・東山式土器を伴う住居内貝層を有するSI-002号住居出土の種子（ミズキ核）は9210±30$^{14}$C BP、較正年代で10435-10260cal BP頃の年代である（小林 2013b）。

長野県南相木村教育委員会が大師遺跡12号土坑出土格子目状押型紋土器付着物を測定し、9240±40$^{14}$C BPの値が出ている（藤森・堤 2010）。較正年代を算出すると、8590cal BC（0.4％）、8570-8310cal BC（94.9％）となる。長野県飯田市美女遺跡ではSB14住居出土押型紋土器立野式土器内面付着物2点が9285±25および9310±30$^{14}$C BP、SK525土坑出土草創期葛原沢II式土器外面付着物が11050±30$^{14}$C BPの結果である（遠部ほか 2008）。椛の湖II式（表裏縄紋）の年代測定値が9755±50$^{14}$C BP（原ほか 2010）である。押型紋土器群については遠部慎に従う（遠部ほか 2008、遠部 2009など）。静岡県三の原遺跡多縄紋土器で10160±50、10110±80$^{14}$C BP、東大室クズレ遺跡の押型紋土器の古い段階が8810±45、8715±45、9005±45$^{14}$C BPである（遠部ほか 2012）。

以上を勘案すると、総じて11500cal BP頃が縄紋草創期と早期の境と捉えられ、統計的に求めた11345cal BPとしておく。

筆者の年代観をもとにすると、縄紋草創期末から早期前葉の年代は以下のようになる。cal BPすなわち、較正年代で1950年を起点として何年前かと数える。土器細別型式ごと、さらには細別時期ごとの年代比定を進め、生態環境変動との対比（たとえば工藤 2012）や文化変化の実年代での再構成（たとえば小林 2004a）を推し進めていく必要がある。

下記に、現時点での時期別の年代推定値を記す。

## ●旧石器晩期

### S0期

無紋（大平山元I）13000$^{14}$C BPを遡る値、IntCal13較正年代で16500-15000cal BPの中にあたり、OxCalプログラムでの解析から15860-15540cal BP（13910-13590cal BC）と推測する。筆者は、無紋土器段階は旧石器時代晩期と捉え、S0期としておく。

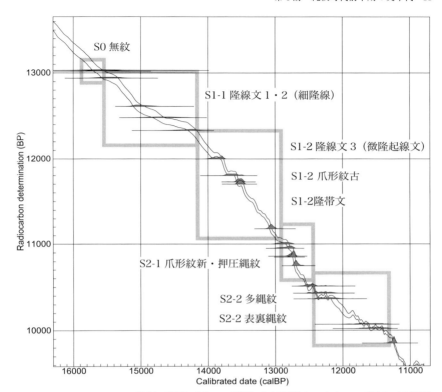

図21　縄紋草創期本州東部測定データと較正曲線 IntCal13

● 縄紋草創期 ─────────────

（隆線文〜多縄紋）15540-11345cal BP（図21）。

S 1 期

隆線文の時期、15540-12930cal BP である。

隆線文のみが展開する 1-1 期と、微隆起線文・隆帯文および爪形紋土器が共伴する場合がある 1-2 期とする。

S 1-1 期　隆線文成立期ないし直前段階の御殿山段階は $13000^{14}CBP$ を遡る値、15500cal BP に該当し、隆線文 1・2 期（上野 2・万福寺・久保寺南・上黒岩・鬼ヶ野など）並行は $12800-12000^{14}CBP$、15500-14000cal BP

で、OxCal プログラムの Median の値をとって 15540-14170cal BP（13590-12220cal BC）と推定する。

**S1-2期**　微隆起線文（黒姫）・隆帯文（宮西・葛原沢・奥ノ仁田）および円孔文（壬）・無紋（仲町）・爪形紋土器がみられる時期、12000-11500 $^{14}$C BP、Median の値をとって 14170-12930cal BP（12220-10980cal BC）と推定する。ただし、葛原沢 IV の隆帯文土器が新しい値であり、OxCal の計算上でも $\chi 2$ 検定で外れているので、これを除く（葛原沢 IV 遺跡の隆帯文などを S2-1 期と考える）と異なってくる可能性がある。

**S2期**

隆線文以降の爪形紋、押圧縄紋、多縄紋、無紋段階。

**S2-1期**　爪形紋（登谷・下宿・薬師寺稲荷台・西鹿田中島）・押圧縄紋（卯ノ木南）・無紋（野沢・粥見井尻・相原熊谷）長野県美女遺跡の葛原沢 II 式（押圧縄紋・爪形紋）が 11050±30$^{14}$C BP など。11500-10000$^{14}$C BP、Median の値をとって 12930-12485cal BP（10980-10535cal BC）と推定する。

**S2-2期**　多縄紋（室谷下層式並行）・無紋。10900-9800$^{14}$C BP、Median の値をとって 12485-11345cal BP（10535-9395cal BC）と推定する。

● **縄紋早期**━━━━━━━━━━━━━━━━━━━━━━━━━━━

撚糸紋～条痕紋。11345-7050cal BP（図22）。早期前半に関しては関東地方の土器編年によって現在比定できる範囲で年代を推定するが、細別時期ごとの測定値の提示には至っていない。

**S3期**

撚糸紋系。11345-10055cal BP（9395-8105cal BC）頃。

**S3-1期**　早期初頭撚糸紋（黒姫）・表裏縄紋・無紋（上台 I）。
11345-（11200）cal BP（9395-（9250）cal BC）頃。

**S3-2期**　夏島式。（11200）-11070cal BP（（9250）-9120cal BC）頃。

**S3-3期**　稲荷台式（江ノ島）・稲荷原式。
11070-10460cal BP（9120-8510cal BC）頃。

**S3-4期**　東山（取掛西）～平坂式。10460-10055cal BP（8510-8105cal BC）

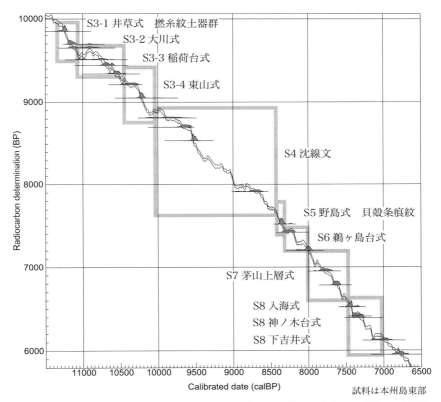

図22 縄紋早期測定データと較正曲線 IntCal13

頃。

|S4期|

無紋・沈線文系（黒姫）。10055-8405cal BP（8105-6455cal BC）頃。

|S5期|

貝殻条痕紋系、野島式（飛ノ台）。

8405-8325cal BP（6455-6375cal BC）頃。

|S6期|

鵜ヶ島台式。8325-8005cal BP（6375-6055cal BC）頃。

**S7期**

茅山式。8005-7470cal BP（6055-5520cal BC）頃。

**S8期**

・東海系貝殻条痕紋系土器群（神ノ木台式並行、石山式、天神山式、塩屋式）。7470-7050cal BP（5520-5100cal BC）頃。

・上ノ山～入海式。7300-7150cal BP（5350-5200cal BC）頃。

・天神山式。7200-7100cal BP（5250-5150cal BC）頃。

・塩屋式。7100-6950cal BP（5150-5000cal BC）頃。


●縄紋前期 ─────────────────────────────

花積下層式～十三菩提式。7050-5415cal BP（5100-3465cal BC）頃（図23）。

**Z1期**

・花積下層式並行期（木島式、中越II・III）。7050-6700cal BP（5100-4750 cal BC）頃。

・佐波式。7300-7000cal BP（5350-5050cal BC）頃。

・木島式。7000-6750cal BP（5050-4800cal BC）頃。

**Z2期**

・関山式・清水ノ上II式。6700-6445cal BP（4750-4495cal BC）頃。

・関山I式。6700-66501 BP（4750-4700cal BC）頃。

・関山II式。6650-6450cal BP（4700-4500cal BC）頃。

・清水ノ上II式。6700-6500cal BP（4750-4550cal BC）頃。

**Z3期**

・黒浜式。6445-6080cal BP（4495-4130cal BC）頃。

・黒浜式I段階（大坪貝塚・水子貝塚17住炉内）。6400-6250cal BP頃。

・黒浜式II段階（水子貝塚17住・16住）。6200-6120cal BP頃。

・黒浜式III段階（水子貝塚15住・野田貝塚2住）。6120-6080cal BP頃。

**Z4期**

諸磯a式。6080-5895cal BP（4130-3945cal BC）頃。

第6講 縄紋時代前半期の実年代 *85*

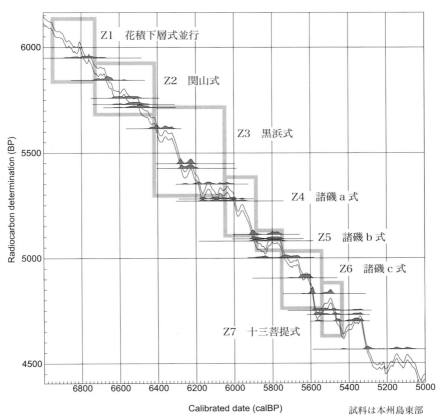

**図23** 縄紋前期測定データと較正曲線 IntCal13

**Z5期**
諸磯b式。5895-5750cal BP（3945-3800cal BC）頃。

**Z6期**
諸磯c式。5750-5530cal BP（3800-3580cal BC）頃。

**Z7期**
十三菩提式。5530-5415cal BP（3580-3465cal BC）頃。

## 第6節　縄紋時代前半期の実年代研究の展望

　東日本を中心に、縄紋時代草創期・早期・前期の較正年代から推定した実年代を提示した。しかし、測定数としてはまだ十分とはいえない。編年的に型式順序が明らかであることを前提とした上で、1型式について最低3測定、できれば10測定程度を重ねること、土器付着物・共伴炭化材など複数種類の試料を測定し、海洋リザーバー効果の影響の有無などを確認すること、前後の型式や同一型式内での新旧関係を押さえ、同一の型式期において整合的な測定値が揃う条件を満たすことが理想であるが、今回提示した試料では、数においては縄紋前期黒浜式、円筒下層a・b式、大木5・6式が、かろうじて上記の条件の一部を満たすに過ぎない。特に、下記の時期については測定例がない、または非常に少なく、測定例の蓄積が必要である。

　① 縄紋草創期の爪形紋〜多縄紋期。

　② 縄紋早期は各段階とも乏しいが、特に必要なのは早期中葉沈線文期（三戸式〜田戸上層式）。

　③ 縄紋前期前葉の花積下層式〜関山式。

　また、測定例はあるものの、さらに測定数を増すことが求められる時期として、草創期隆線文段階、早期撚糸紋段階、早期条痕紋段階、前期諸磯式期があげられる。

　同時に、単に測定例を増すというだけでなく、遺構・層位との関係を追究していくべき時期もある。たとえば、早期条痕紋段階には、炉穴と呼ばれる屋外炉が発達し、特に関東地方早期後葉鵜ヶ島台式〜茅山上層式期の炉穴群は、多数の重複関係をもつ。これは季節的な移動居住の結果と考えられ（小林1991）、炉穴内出土の炭化材を測定していくことは、当該期の居住形態を解釈していく上で、重要な結果をもたらすと予想できる。同様に、北関東地方には前期後葉諸磯式期を中心に、縄紋中期以降に比肩できる竪穴住居を集中させる集落遺跡が展開する。筆者（2004a）が縄紋中期集落の検討で示したごとく、前期集落の継続時間を把握していくことは、定住的な縄紋社会を把握していく上で、中期集落との比較検討という形で大きなヒントを与えてくれるであろ

う。

　さらに翻っていえば、縄紋社会研究における年代測定研究の果たし得る役割は、ますます重要性を増しつつある。縄紋文化の始まりの契機に土器の発生があることは疑いないが、その空間的広がりがどのくらいの時間規模で列島全体に広がったか、弓矢・漁労具などの縄紋的な道具の発生時期との関係、さらに草創期から早期にかけての竪穴住居を用いた居住活動の定立、同一地点に通年的に占拠する形での定住活動の定立について、時期・地域による多様な形態を含め、年代的に整理していくことは急務であるといえる。年代的再編成を果たした上でこそ、具体的に文化史的・環境史的な再構成が図れるであろう。

## 註

（1）小林 2006a「縄紋時代研究における炭素14年代測定」『国立歴史民俗博物館研究報告』133 において論じた。

（2）本書には付さないが、検討の対象とした測定値については、筆者が集成した結果をホームページ上に公開している。その集成表には、試料番号、測定機関番号、遺跡所在地（原則として平成の大合併後の市町村で表記）、遺跡名、出土区（遺構名か調査区、層位）、試料の種類（p 土器付着物、c 炭化材、w 木材、そのほか漆、種実）、時期、測定対象とした試料の情報として部位（土器付着物では付着部位と内外面の別、炭化材では年輪を数えた場合外側から何年目の年輪部分か）、土器型式（試料が付着している土器または共伴する土器）、中期の場合は新地平編年比定時期（黒尾ほか 1995、小林ほか 2004f）、測定値（$\delta^{13}C$ 値、$^{14}C$ 年代、測定誤差、なお $\delta^{13}C$ 値のうち測定誤差が付されるものは AMS による同位体効果補正のための測定値で、試料の処理の過程で変動が生じている場合があり、真の $\delta^{13}C$ 値ではない）、較正年代（$2\sigma$ の範囲で求めた）を記す。集成表の備考欄には、筆者の判断で、a：異常が認められない例は特に注釈しないが、b：「汚染」土器付着物で試料が少ない等のため、汚染除去が不十分となった可能性がある例（前処理後の燃焼の際に炭素含有率が 10% 未満のもの）、c：「混在」炭化材で後からの混入と考えられる例（出土状況の再検討などにより判断）、d：「海洋」$\delta^{13}C$ 値から海洋リザーバー効果の影響が考えられる例（−24‰ より大きいもの、または正確な $\delta^{13}C$ 値が測定されていないものでも $^{14}C$ 年代値が同時期の他例に比べ数百年古いもの）を指摘し、本文での年代的検討では b・c・d に相当するデータは除外する。

　　集成表の備考として、報告書（試料対象遺跡の報告書が刊行済みの場合はその報告書、未刊行の場合は参考文献、または測定値を掲載したレポート名）、図番号（報告書の掲載図）を記した。

集成表の較正年代は、IntCal13 および OxCal v4.3.2 を用いて 2σ の範囲で算出している が、一部のデータについては、IntCal や OxCal が旧バージョンで算出されている場合が含まれている。

　本書図 13・17・20 には代表的な測定値を用いて OxCal の Plot dates で cal BC で表示した。データ名は筆者が関わった以外の測定例を含むため測定機関番号を記した。

（3）辻誠一郎氏とともに年代測定の際に試料の検討にあたった春成秀爾氏より教示を受けた。

（4）層位的事実に基づく相対順序を利用して、任意の間隔ながら較正曲線との関係をみることで年代を絞り込む方法を、土器型式を利用した準ウイグルマッチングとしておく。年輪資料の場合は間隔の年数が既知であるが、層位例や重複関係、土器の型式差を用いる場合は、間隔は 0 年以上 10 年以内の場合を含め未知であるから、あくまで仮設的な作業となる。木材のウイグルマッチングについては多くの事例研究があるが、層位的な事例への適用は、辻誠一郎が三内丸山遺跡の盛土遺構で試みようとした以外では、今村・小林らの縄紋中期での作業（今村ほか 2003）や稲荷山貝塚（小林 2006b）、小林・村本らの三輪野山貝塚などの層位事例への適用（小林ほか 2007b、村本ほか 2007）や、土器型式によるウイグルマッチとして藤尾慎一郎（2007a）の作業があるので参照されたい。

第7講

# 縄紋時代中期の実年代

## 第1節　多摩武蔵野地域を中心とした中期土器編年

### 1. 縄紋時代中期土器型式編年研究

　土器型式編年研究自体は、多少の精粗をもちつつも日本列島を覆う細別の網が完備されつつあり、並行関係の検証や地域型式の弁別などに課題を残すほかは、おおむね完成の域に達する段階にある。その中で、小林達雄の様式編年に代表される統合の問題や、近年大きく進展している年代測定研究との関係から、改めて型式研究にフィードバックされている時期区分や交差年代の問題など、編年のまとめ方についての議論がみられる。また、編年からは離れるが、製作工程や使用痕、文様割付、胎土分析、土器に残る植物遺体などのレプリカ圧痕など様々な観点からの分析がおこなわれている。土器型式研究としても、時空間上の静的な単位である編年型式と、時空間的な動態を示す系統を主とする型式との関係をめぐる議論、型式概念に関わる研究者の認識と、土器製作者である縄紋人の認識との差異に関するコグニティブについての問題やモーターハビットなど身体的要素の問題など、ますます多岐にわたる議論が展開しつつある。

　ここでは、考古学的方法の最も基盤をなすところの時間的な再構成にたちもどり、「多摩丘陵・武蔵野台地を中心とした縄文時代中期の時期設定」（通称として「新地平編年」を以下では用いる）について、その経緯と現状を述べることとする。

　武蔵野台地～神奈川県地域の土器資料を中心として設定された土器編年である「新地平編年」は、中期全体を13期31細別（黒尾ほか1995）する。これ

は、筆者、中山真治、黒尾和久の3名分担により、縄紋中期集落研究の前提作業として、主に型式学的方法により設定された時期設定であり、現時点においては最も精緻で細かい縄紋時代中期の編年であると評価されている。従来関東地方での編年基準となってきた今村啓爾の五領ヶ台編年（今村 1985）、井戸尻編年（藤森編 1965）、加曽利E式の既編年案（神奈川編年、東京・埼玉編年、埼玉事業団編年など）との研究史的整合性や、具体的な時期内容の提示が十分ではないとの批判もあるものの、すでに西関東地方の中期土器編年研究のスタンダードの一つとなっているといえよう。ここでは、あくまで概略を示すとともに、今後の課題を示しておきたい。

## 2. 「新地平編年」研究の経緯

1995年12月9・10日に新地平シンポジウム「縄文中期集落研究の新地平」として研究集会を開催した（黒尾ほか 1995、宇津木台地区考古学研究会 2008）。その際に、集落調査のための細かい時期区分の物差しとして用意したのが13期31細別の「多摩・武蔵野中期編年」（「新地平編年」）である。五領ヶ台式期（1-4期）を筆者、勝坂式期（5-9期）を中山真治、加曽利E式期（10-13期）を黒尾和久が担当した。五領ヶ台式期については、縄文セミナー中期初頭の諸問題での筆者発表など（小林 1995）、勝坂式については2005年の中山論文（2005）、加曽利E式期は黒尾論文（1995）にその概要が示されている。

新地平シンポとしては、1998年に新地平2を開催したが、この際は集落遺跡に関わる調査事例からの報告を主として、編年的な部分には触れていないのでここでは割愛する。

2004年7月24・25日に、山梨県帝京大学山梨文化財研究所を会場にシンポジウム「縄文集落研究の新地平3　勝坂から曽利へ」を開催し、新地平編年のバージョンアップ版を掲載した（小林ほか 2004f）。そこでは、今福利恵、閏間俊明、吉川金利、武川夏樹、中山真治、大内千年・下総考古学研究会、高橋健太郎、小崎晋、布尾和史、櫛原功一、村本周三、山本孝司、大村裕、黒尾和久、小林謙一、津村宏臣、建石徹、宇佐美哲也、纐纈茂、佐野隆らが講演および討論をおこなった。

シンポの成果は 2005 年に『考古学リーダー 6　縄文研究の新地平〜勝坂から曽利へ〜』として刊行した（小林・セツルメント研究会 2005）。

この中では、小林謙一、寺内隆夫、小崎晋、宇佐美哲也、村本周三、百瀬忠幸、長谷川豊、中村哲也らが補論やコメントを載せた。

また、これらに関する補足として『セツルメント研究』5 号に、中山真治による多摩地域のまとめ（中山 2006）、塚本師也による大木系土器に対するコメント（塚本 2006）、五領ヶ台期の時期設定の補足（小林 2006c）、山本孝司による神奈川シンポジウムを中心とした研究史の整理（山本 2006）などを掲載した。

多摩・武蔵野地域の中では新地平編年が時期区分として様々な分析に用いられ（安孫子 2011）、さらに編年に関しても 2010 年の前原遺跡の報告での再検討（宇佐美 2010、黒尾 2010）などがおこなわれている。

周辺地域との並行関係として、千葉県について大内千年（大内 2008）、甲府盆地との編年対比について櫛原功一（櫛原 2014）が示され、その後も 2016 年度、2017 年度と「シンポジウム縄文研究の地平」として検討を重ねている。周辺地域との対比を含め、さらに検討を重ねていく必要があることは、当初より意識されているところであった。

## 3.　時期設定の概略

以下に小林 2004a による、「新地平編年」各時期の概略を記しておく。

### 1 期

縄紋中期最初頭五領ヶ台 I 式期。ab に 2 細分可能である。今村啓爾の五領ヶ台 I 式である（今村 1985）。筆者の五領ヶ台編年（小林 1995）CM 段階（宮の原段階）である。

### 2 期

縄紋中期初頭五領ヶ台 II 式古段階。今村啓爾の五領ヶ台 IIa 式期にほぼ相当する。筆者の五領ヶ台編年（小林 1995）CS 段階 Ia 期である。

### 3 期

縄紋中期初頭五領ヶ台 II 式中段階。ab に細分可能である。今村啓爾の五領ヶ台 IIb 式および IIc 式の一部を含む。筆者の五領ヶ台編年（小林 1995）CS

段階 Ib・c 期である。

### 4 期

縄紋中期初頭五領ヶ台 II 式新段階。ab に細分可能。今村啓爾の五領ヶ台
IIc 式を含む。筆者の五領ヶ台編年（小林 1995）CS 段階 II 期である。

### 5 期

縄紋中期前葉狢沢式期（勝坂 1a 式）。

**5a 期**　神谷原式（今村 1985）、大石式、阿玉台 Ia 式を含む、狢沢式成立
期。筆者の勝坂式成立期（小林 1994）CZ Ia〜Ib 期である。

**5b 期**　狢沢式古段階。筆者の勝坂式成立期（小林 1994）CZ（Ib〜）IIa 期
である。

**5c 期**　狢沢式新段階。筆者の勝坂式成立期（小林 1994）CZ IIb 期である。

### 6 期

縄紋中期前葉新道式（勝坂 1b 式）である。

**6a 期**　新道式古段階。筆者の勝坂式成立期（小林 1994）CZ IIIa 期である。

**6b 期**　新道式古段階。筆者の勝坂式成立期（小林 1994）CZ IIIb 期である。

### 7 期

縄紋中期中葉。藤内 I 式期（勝坂 2 式）である。

**7a 期**　隆帯区画＋幅広角押文＋三角押文崩れの波状沈線施文。

**7b 期**　隆帯区画＋幅広角押文＋波状沈線文。

### 8 期

藤内 II 式期（勝坂 2 式）である。

**8a 期**　無調整隆帯区画＋幅広角押文＋波状沈線文（武蔵野台地）と隆帯脇
を沈線でなぞった区画文＋縦位沈線文（中部〜多摩西部中心）が並存す
る。

**8b 期**　縦位沈線の他に細かい爪形紋が発達し、三叉文と組み合わさる。頸
部横帯楕円区画文の盛行。胴下半の縄紋施文顕著。縦位区画文系パネル文
崩れ（武蔵野タイプ）となる。

### 9 期

井戸尻 I〜III 式期（勝坂 3 式）である。

**9a 期**　区画隆帯沿いの沈線が太く、交互刺突文が粗大化。中帯文土器、小

型円筒形土器多い。人体文（弧状文）は中部〜多摩西部中心。

**9b 期**　隆帯の幅広扁平化、半肉彫状の曲線的モチーフ中心。中帯文系と口縁文様タイプ。口縁部無文直立、屈折底、喜多窪タイプなど大型把手、J字状懸垂文が多い。

**9c 期**　勝坂式最終末期。褶曲文系土器、狐塚タイプの盛行期。地紋に撚糸紋や条線紋を多用する。加曽利E式系の土器が成立しつつある時期である。

### 10 期

加曽利E1式期である。黒尾和久の加曽利E編年（黒尾 1995）のIa〜Ic期に対応して細分される。

**10a 期**　胴部の撚糸地紋が卓越し、勝坂式の文様要素を消失した口縁部に横S字モチーフを配した「武蔵野台地型」の加曽利E式が盛行。曽利I（古〜新）式がみられる。

**10b 期**　胴部に撚糸地紋と隆起帯による懸垂文。大型把手をもつキャリパー形がみられ、頸部の無文区画が普遍化する。沈線地紋による同心円モチーフの土器が盛行。曽利系は減少するが曽利I（新）式並行と捉える。

**10c 期**　縄紋地紋と隆起帯による懸垂文が多くなる。口縁は平縁化、頸部無文区画は存続。多摩・武蔵野台地では、曽利II（古）式並行の加曽利E式文様類似の縄紋地紋・粘土紐貼付の土器が伴う。

### 11 期

加曽利E2式期である。胴部に沈線の懸垂文。黒尾 1995 の中期後葉2a〜2c期。

**11a 期**　太く深い沈線による口縁部渦巻文土器の成立。単節縄紋が地紋の加曽利E式系が主体で、頸部無文区画も存続。曽利II（新）式並行の土器が伴う。

**11b 期**　連弧文土器出現期。渦巻つなぎ弧状・枠状の口縁部文様区画。縄紋地紋とともに、山梨県域の曽利縄紋系土器・斜行沈線文土器の成立に関連すると思われる、撚糸、条線地紋土器も目立つ。頸部の無文区画は弛緩しやがて衰退する。

**11c 期**　連弧文土器の盛行期。曽利III式、「折衷土器」が盛行する。連弧文

により2細別も可能。

・11c1期：連弧文が3本一組の連弧状・波状が基本で、口縁部および胴部の2帯文様帯構成が多く、地紋に撚糸紋・条線紋が用いられる。

・11c2期：連弧文が2本一組の波状モチーフなどに変化し、地紋に縄紋が多用される。

### 12 期

加曽利E3式期である。胴部文様帯に磨消縄紋。

**12a期**　曽利III式新〜IVa式に平行する沈線地紋の「折衷土器」の盛行が持続。連弧文土器は衰退。

**12b期**　口縁部渦巻文の加曽利E式が盛行し、「胴部隆起帯文土器」もみられる。武蔵野台地では、「斜行・重弧文土器」が部分的にみられるほか曽利系は激減し、西多摩・西相模地域では、地紋に沈線・条線を用いる山梨県域の曽利IVb式土器を伴う。後半期には波状口縁土器、蕨手状懸垂文などがみられる。

**12c期**　口縁部文様帯の消失期で、前半期では口縁部区画のある土器とない土器が伴出。蕨手文が盛行し、懸垂する沈線は太い。曽利V（古）式に並行する。

### 13 期

加曽利E4式期である。口縁部文様帯、胴部蕨手文などが消失。従前の加曽利EIV式に相当する。曽利V（新）式が並行か。

**13a期**　口縁部を単沈線で幅狭い無文帯と縄紋帯に区画しつつ、対向U字区画の土器が出現。

**13b期**　微隆起線文が文様要素として一般化。細い沈線による対向U字区画が盛行する。

### 14 期

現在の編年研究では、縄紋後期に属させている初頭称名寺I式。石井寛（1992）の称名寺式古段階（石井の7期区分の1〜3期）に相当する。

第7講　縄紋時代中期の実年代　95

## 第2節　縄紋時代中期の実年代推定——竪穴住居跡出土試料による測定研究——

　縄紋中期の実年代推定については、旧稿（2004a）をはじめとして、拙稿を重ねてきた。しかし、いまだ推定の部分が多く確定には至っていない。ここで、旧稿（2004b）以降の検討例をまとめ、前節で述べた新地平編年を基軸とした細別時期ごとの推定年代について再考することとする。

　縄紋中期の年代測定用の試料としては、縄紋前半期に比べて多くの良好な試料をあげることができる。縄紋中期にはしっかりした掘込みをもちさまざまな形の炉を有する竪穴住居が各地に出現し特徴的であるが、火災住居をはじめとして、多くの一括出土試料を出土する例があり、住居出土試料は年代測定の貴重な事例となる。住居一括出土例のほかは、土器付着物や単独の遺構出土炭化材の測定例であり、そうした例も多く測定している。たとえば中部地方において、山梨県北杜市の遺跡群などから土器型式として井戸尻式、曽利Ⅰ式から曽利Ⅴ式にまとまった測定例を得た（図24）。曽利式土器群については、その分布の中心域である山梨県以外の長野県や神奈川県でも比定可能な曽利式土器付着物・住居共伴炭化材を測定しているので、あわせて型式的連続の中で較正年代値を検討することが可能である。長野県では、茅野市長峯・聖石遺跡（小林ほか 2005g）と、井戸尻式期について岡谷市目切遺跡において、型式的な帰属が明確な測定結果を多く得ている。住居一括出土試料測定によって藤内2式、曽利Ⅱa式、曽利Ⅳa式にある程度定点と考えられる年代が絞り込めるので、その間に各型式の年代を配することができる。

　以下に、前述のウイグルマッチング以外の高精度年代測定の事例として、同一住居内から多数の測定試料を得て測定することで、年代推定の精度を上げる事例として、梅之木遺跡18号住、弁財天池遺跡4号住居例を紹介する。

### 1.　狛江市弁財天池遺跡16次4住の火災住居出土一括炭化材

　狛江市弁財天池遺跡16次4住（小林ほか 2010）、相模原市大日野原遺跡3次調査1・2住、北杜市梅之木遺跡、楢葉町井出上ノ原遺跡45住では、ウイグルマッチングではないが住居出土炭化材を集中的に測定した。火災住居や床面

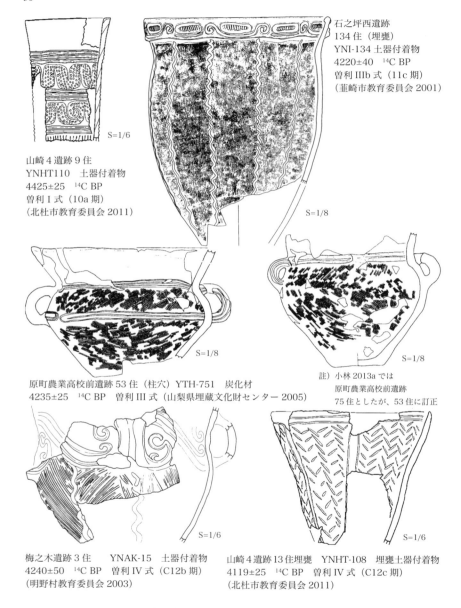

図 24　縄紋中期山梨県年代測定試料（小林 2013a 改変）

上の（敷物または壁・屋根構成材などの可能性がある）炭化材や炭化物の場合は構築年、覆土中一括遺存炭化材の場合は共伴する土器の廃棄年を推定し得た。

東京都狛江市弁財天池遺跡16次調査4号住例（小林ほか 2010）は加曽利E1式期（新地平10b期）火災住居であるが、放射状に遺存していた垂木と思われる8本の炭化柱材および柱穴など出土のやや微小な炭化物を含め計10点について測定した（図25）。この住居炉側埋設土器（図25上）は、加曽利E1式中葉、新地平編年（黒尾ほか 1995）のうちの10b期に比定される。材自体はやや崩れていたが、部分的にそれぞれ最外縁から中心に向かう、大体5、6cmから8cmの半径の材がみられた。太い径の材は半裁材が多く、垂木材だと丸材が多い。図25は測定結果をまとめた図である。測定上の誤差はあるが、おおむね10本の材の年代はほとんど一致し、4340-4330$^{14}$C BPの測定値で誤差範囲が重なり、測定値としても絞り込め、同一の年代を表す可能性が高い。OxCal v4.3.2の複数データをまとめるcombineのプログラムを用いて、10測定をまとめた結果が図25右下の確率分布図である。同時にχ2検定（Ward and Wilson 1978）もおこなっている。

まとめた値は4340±8$^{14}$C BPとなり、較正年代で4890-4855cal BPに75%の可能性で含まれる。ただし、中期後葉は$^{14}$C濃度の変動の状況により較正曲線が平坦な形になるため年代が絞りにくく、やや古い4960-4925cal BPの可能性も残る。ここではMeanやMedianの値である4890-4870cal BP頃に伐採された住居構築材と捉え、炉体土器の属するC10b期からその次時期のC10c期にかけての年代を示すと捉えたい。


## 2. 梅之木遺跡18号住の住居内層別出土炭化材

山梨県梅之木遺跡は、縄紋時代中期曽利式期の総計150軒程度で構成される環状集落で、北杜市教育委員会により範囲確認調査がおこなわれている。その中で調査された18号住居は西側1/3が後世の耕作で削平されているが、他は遺存状況もよく、南北長6mの楕円形の平面形態、壁は最大40cmの高さが残っている。南側壁際に埋甕2基と立石1基、南東壁沿いに石柱2基が認められる。住居の中央部は古い土坑1基の上につくられ、また南側は曽利I式期の

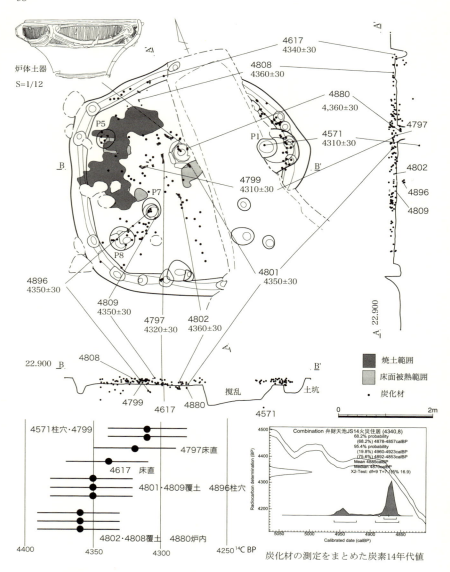

図 25　弁財天池遺跡 JSI-4 号住居年代測定（小林ほか 2010 改変）

遺構を破壊しているらしいとの調査所見であるが、他はほとんど重複関係がない単独に近い住居であった（図 26）。

梅之木遺跡 18 号住居内出土の炭化材（試料記号 YNAK）を 10 点以上採取し測定を試みた。$^{14}$C 年代の測定は（株）パレオ・ラボおよび東京大学大学院工学系研究科原子力国際専攻タンデム加速器研究施設がおこなった。覆土上層部から出土した YNAK-C 1 の $^{14}$C 年代は 4120±35$^{14}$C BP で、IntCal04 を用いた較正年代では、2870-2575cal BC（95.3％）に含まれる確率が高い。覆土上層部から出土した YNAK-C 2 の $^{14}$C 年代は、この時の研究と別に測定した出土土器付着物である YNAK-15（4240±50$^{14}$C BP）と近い測定結果である 4230±35$^{14}$C BP の測定値で、較正年代で 2725-2680cal BC（9.9％）もあるが 2910-2740cal BC（85.5％）に含まれる確率が十分に高い。覆土上層部から出土した YNAK-C 3 の $^{14}$C 年代は、4225±35$^{14}$C BP の測定値で、較正年代で 2905-2680cal BC（95.4％）に含まれる確率が高い。同じく上層から出土した YNAK-C 4 は 4160±35$^{14}$C BP で、較正年代で 2880-2625cal BC（95.4％）に含まれる確率が高い。同じく YNAK-C 5 は、4280±35$^{14}$C BP の測定値で、較正年代で 3010-2950 cal BC（6.5％）、2800-2780cal BC（2.2％）もあるが 2940-2870（cal BC）（86.6％）に含まれる確率が十分に高い。同じく YNAK-C 6 は、4185±35$^{14}$C BP の測定値で、較正年代で前 2645〜2655 年（cal BC）（1.6％）もあるが 2890-2660 cal BC（94.1％）に含まれる確率が高い。

梅之木遺跡 18 号住居の覆土下層から出土した YNAK-C 8 の $^{14}$C 年代は、4215±35$^{14}$C BP の測定値で、較正年代で 2690-2675cal BC（1.7％）もあるが 2900-2690cal BC（93.5％）に含まれる確率が十分に高い。生活時の年代を表す YNAK-C13 は炉近くの床面から出土したので、梅之木遺跡 18 号住居に人が住んでいた時の燃料材であった可能性がある。$^{14}$C 年代は 4170±35$^{14}$C BP で、較正年代は 2880-2655cal BC に含まれる確率が 91.1％ と高い。

住居が建てられた年代を示す梅之木遺跡 18 号住居の埋甕掘方出土の YNAK-C10 の $^{14}$C 年代は 4150±35$^{14}$C BP で、較正年代で 2875-2620cal BC（95.3％）に含まれる確率が高い。なお、別に北杜市明野埋蔵文化財センターの佐野隆が 18 号住居の埋土を水洗選別して得た炭化材の $^{14}$C 年代測定をおこなっている。これらについても図 26 の中に示した。

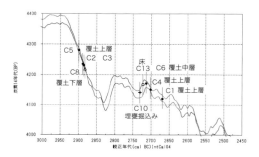

18号住出土層位別炭化材 ¹⁴C 測定値と較正曲線の関係

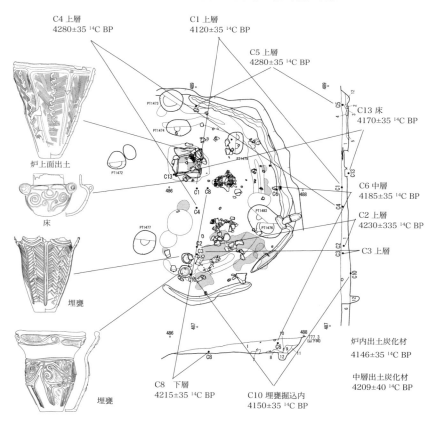

図 26　縄紋中期梅之木遺跡試料（小林 2013a 改変）

覆土上層の YNAK-C 2と C 3、C 1と C 4、床面の C 3と C10など各層位・特に出土地点の近い炭化物の測定値はよく近似し、覆土の堆積ごとに一緒に埋まった燃料材や廃棄材の炭化物と捉えられる。覆土中の出土炭化材は4200$^{14}$C BP 程度（4120-4280$^{14}$C BP）、床面や炉内出土炭化材は 4150$^{14}$C BP程度で、住居構築時に伴うと考えられる試料の方が 50$^{14}$C 年ほど新しい。このあたりの年代は過去の大気中の $^{14}$C 濃度が異常であり、較正曲線がかなり横になる時期であるため、較正年代でみれば幅広い実年代の可能性が想定され、前2800〜2700 年頃（YNAK-C 5のみは 2940-2870cal BC の年代の確率が高くやや古い）においてすべての試料の年代が重なる可能性もある。大まかにいえば、筆者がこれまでに推定してきた曽利 IV 式期（新地平編年 12ab 期（黒尾ほか 1995））の実年代との間に大きな矛盾はない。可能性として、覆土中出土試料のうち 4200$^{14}$C BP よりも古い測定値の試料は、住居廃絶後の埋め立て時に周辺に包含されていた古い炭化材が混在した結果と考えられる。床面・炉内を含む 4150$^{14}$C BP 頃を中心とした測定値の試料が、住居廃絶時の年代を示していると捉えられる。出土土器をみると、埋甕に用いている土器 2個体は曽利III b 式（新地平 11c 相当）、炉横床面や覆土中の土器は曽利 IVa〜b 式土器（新地平 12a・b 期）に比定される。炭化材の測定値と較正曲線との関係で読み取るならば、埋甕掘込み内や炉内の炭化材の較正年代は、2740-2720cal BC頃の年代に近いと推定する。これらは床面から覆土中に一括廃棄されている曽利 IVa〜IVb 式にかけての土器廃棄に伴う年代と捉えれば、曽利 IVb 期古手（新地平 12b 期）の年代とみることができよう（小林 2012b）。

## 第 3 節　関東地方縄紋時代中期の編年細別の研究動向と実年代比定

縄紋中期土器編年における時期区分については、以下の点において研究者間に意見の相違がある（小林 2016b）。
① 新地平 1 期：前期と中期の編年上の画期基準。円筒下層 d 1・2式、大木6式、十三菩提式と五領ヶ台 1式との時期的並行関係。
② 新地平 1-4 期：五領ヶ台式の細分。五領ヶ台 Iab 式、IIabc 式の細別。
③ 新地平 4b 期と 5a 期：五領ヶ台式と勝坂式の境、大石式・竹ノ下式・神

谷原式・法正尻タイプなど、阿玉台 Ia 式の位置づけ。

④ 新地平 7-8 期：藤内式の細別、阿玉台 III・IV 式の関係。

⑤ 新地平 9c 期と 10a 期（9c 期の有無）：北関東との関係、武蔵野台地北東
　　部からの視点、加曽利 E 式・曽利式の成立と勝坂・阿玉台式の終末の
　　あり方。

⑥ 新地平 11b 期の細別：連弧文土器の成立、曽利 II・III 式の細別。前原遺
　　跡報告書（黒尾 2010）の考察で、黒尾は連弧文の有無によって 11b 期
　　を 1・2 期の前後に分けている。しかしながら加曽利 E 式土器自体の変
　　化は明らかでなく、連弧文のあり方によって変化が示される 11c1・2 期
　　の区分と同じく、土器型式学的な細別に課題が残る。

⑦ 新地平 12 期：連弧文土器の終末、12c 期の位置づけについては、東関東
　　との並行関係などについて十分に整理されていない部分が残る（大内
　　2008）。

⑧ 新地平 13b 期と 14a 期：中期末後期初頭の境、梶山タイプ、曽利式の終
　　焉、中期と後期の編年上の画期基準について課題が残る（小林 2015）。

　年代測定の上では、①と⑧にあたる、縄紋中期の最初と最後の時期区分の問
題について、実年代比定とともに広域編年研究の上でも議論を深めていくべき
点が指摘できる。

　縄紋前期末葉～後期初頭の年代については、関東地方・中部地方で十三菩提
式～五領ヶ台式土器付着物、石川県上安原遺跡で朝日下層式・新保式土器付着
物を測定している（小林・今村 2003b）。その後も、縄紋前期末中期初頭や中
期末後期初頭の測定を重ねてきた。

　神奈川県秦野市三廻部東耕地遺跡では、住居一括出土の集合沈線文系を主体
とする五領ヶ台 1 式（新地平 1 期）土器付着物と住居構築材の炭化物とを $^{14}$C
年代測定し、4700$^{14}$C BP 頃に集中する結果を得た。較正年代で 5420-5325
cal BP（3470-3375cal BC）に含まれる可能性が最も高い年代である（かなが
わ考古学財団 2017）。

　横浜市元町貝塚の五領ヶ台 2 式土器付着物測定年代として、海洋リザーバー
効果の影響はないと捉えられる KNYMM-17 の測定結果が、3500-3140cal BC

（5450-5090cal BP）の間の較正年代で 3380-3335cal BC（5330-5285cal BP）
に含まれる確率が 55.4％ で最も高い。これまで金沢市上安原遺跡（小林・今
村 2003b）の土器付着物の測定結果から、前期と中期の境の年代として筆者
が考えてきた較正年代より新しく、五領ヶ台 2 式土器（細別時期としては五領
ヶ台 2a 式期、新地平 2 期）の年代と捉えられる。

　縄紋前期末・中期初頭としてはほかに、青森県三内丸山遺跡（小林 2014b、
小林ほか 2008a）、笹ノ沢（3）遺跡、岩手県滝沢遺跡（小林ほか 2004b）、山
形県高瀬山遺跡などで円筒下層 d 式や円筒上層 a 式、大木 6 式土器付着物の
測定結果を得ている。たとえば、青森県二股（2）遺跡の円筒下層 d 2 式は、
土器付着物 AOMB-88ab が 4470・4510[14]C BP、較正年代で 3335-3025cal BC、
3350-3100cal BC に含まれる可能性が 95％、IIId 1 層のクルミ AOMB-C52 は
4500[14]C BP で較正年代は 3345-3095cal BC（小林・茅野 2013）で、北東北の
円筒下層 d 2 式は、年代的には関東地方の五領ヶ台 1 式（宮の原貝塚（今村・
吉田 1972）に代表される）、北陸の新保式、南東北の大木 7a 式（法正尻遺跡
などに代表される）に並行する可能性が指摘できる（小林ほか 2008a）。年代
値を蓄積し、今後とも検討を重ね検証していく必要がある。

　縄紋中期末・後期初頭の時期区分および年代も重要なテーマである。遺構に
おいて共伴する加曽利 E 系土器の位置づけ、特に「初期称名寺式」が伴わな
い前段階の加曽利 E 4 式と、「初期称名寺式」が共伴する「加曽利 EV 式」の
型式的な区分と時期区分が問題となろう。これまでの新地平編年でいえば、
14a 期に石井寛の称名寺式第 1 段階が当てはまると考えられるが、新地平編年
14a 期に加曽利 EV 式および称名寺式第 1～3 段階のどの段階までが当てはま
るのか不明である。

　横浜市稲ヶ原遺跡 A 地点 B 4 号住居は、関東地方における称名寺式土器成
立期の基準資料であり、その称名寺第 1 段階土器付着物 2 点の較正年代は
4525-4415 および 4450-4385cal BP であった（小林 2015）。国立市緑川東遺跡
出土土器や栃木県仲内遺跡の加曽利 E 式最終末期の年代値（小林ほか 2013）
など含めて中期末後期初頭の試料の年代値は 4000[14]C BP 付近に集中し、較正
年代では 2570-2470cal BC 頃を含む。南西関東地方に最初に出現した称名寺
貝塚・稲ヶ原遺跡・緑川東遺跡などの初期称名寺式とされる土器群は、西日本

の中期末葉北白川C式土器・後期初頭中津1式土器、またはその影響を受けつつ関東で成立した称名寺1式初頭の土器のいずれなのか、土器型式としての位置づけを明確にすると同時に、それぞれの時間的関係を追究していく必要がある。西日本系の中津1式土器と類似した土器が関東地方に出現し、在地の加曽利E系土器と共存することは、近年の研究によって確実となった（千葉2013、小澤2014）。問題点としては、南西関東地方の初期称名寺式の位置づけと、共伴する関東在地系土器群である加曽利E系土器の位置づけ、特に加曽利E4式と「加曽利EV式」（石井1992など）の型式的な区分があげられる。

初期称名寺式土器にみられる西日本との関係は、西関東での様相の把握と同時に広域編年としての位置づけが検討されるべきである。中期と後期の大別時期区分の問題は、山内清男により加曽利E式土器（東北地方においては大木式）を中期、堀之内式土器を後期とする学史的整理との整合性をどのように考えるかという点に求められる。また、吉田格（1960）などによる称名寺貝塚・鉈切洞窟の調査と称名寺式の設定という学史的背景を整理する必要も指摘される。

縄紋中期末後期初頭の時期の年代決定は、時期区分として指標となると同時に、環境変動と文化変化との関係を探る上で重要な論点を含む（工藤2012など）。環境変動として近年指摘されている4.3 kaイベント（國木田ほか2012、千葉2013など）の年代との関係が重要である。少なくとも西日本系土器群の関東への移入は、4.3 kaイベントとされる寒冷化の時期よりも200～100年古いことを意味しており、むしろ西日本系土器であった称名寺式土器が在地化し、もともとの在地土器であった加曽利E式系の土器がほぼその姿を失う段階以降に相当する、または称名寺2式として簡略化しながら関東全域に広がる時期と捉えるべきかとも考えられる。型式学的な検討を重ねた上で、どの時点に中期と後期の境を置くか、改めて検討していく必要がある。

OxCal v4.3.2のプログラム（図27・28）を用いて新地平編年による細別時期ごとの時間幅を見直した。信頼できる測定数の不足などから推定しきれない細別時期が存在するが、土器編年自体が順序として正しく、かつおおよそ連続的に変化するとみることができる。準ウイグルマッチングとして較正曲線との対比しつつ年代比定をおこない（図29）、年代的に比定できなかった細別時期

についても、その中での土器の変化が存在しているのであるから仮に等間隔に区切ることによって推測した。その場合、中期新地平編年 13 期 31 細別（前期末葉 4 細別、後期初頭を含めると 14 期）にあわせると、下記のように推定できるであろう。下記の C 1～13 期は、前述の新地平 1～13 期と同じである。

### Z 7 期

縄紋前期末葉、5530-5415cal BP（3580-3465cal BC）の 115 年間と推定。筆者の南関東地方の前期末葉編年（小林 1986）4 細別で、仮に等間隔とすると 1 細別時期 25～30 年。

### C 1 期

五領ヶ台 1 式、5415-5360cal BP（3465-3410cal BC）の 55 年間と推定。今村啓爾（1985）の型式学的変遷観に従い 1a と 1b に 2 細分すると、1 細別時期 25～30 年。

### C 2～4 期

五領ヶ台 2 式、5360-5310cal BP（3410-3360cal BC）の 50 年間と推定。新地平（小林）編年で 2・3ab・4ab の 5 細別すると、1 細別時期 10 年。

### C 5 期

勝坂 1a 式（狢沢式）5310-5270cal BP（3360-3320cal BC）の 40 年間と推定。新地平（中山）編年で 5a～c の 3 細別すると、1 細別時期 10～15 年。

### C 6 期

勝坂 1b 式（新道式）5270-5230cal BP（3320-3280cal BC）の 40 年間と推定。新地平（中山）編年で 6ab の 2 細別すると、1 細別時期 20 年。

### C 7 期

勝坂 2 式古（藤内 1 式）5230-5200cal BP（3280-3250cal BC）の 30 年間と推定。新地平（中山）編年で 7ab の 2 細別すると、1 細別時期 15 年。

### C 8 期

勝坂 2 式新（藤内 2 式）5200-5100cal BP（3250-3150cal BC）の 100 年間と推定。新地平（中山）編年で 8ab の 2 細別すると、1 細別時期 50 年。

### C9a 期

勝坂 3 式（井戸尻 1 式）5100-5030cal BP（3150-3080cal BC）の 70 年間と推定。

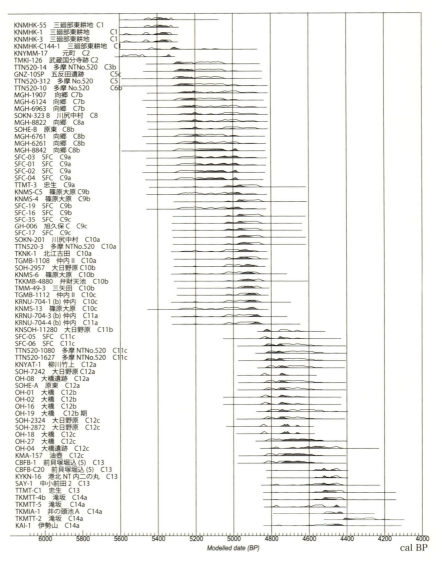

(IntCal13 および OxCal v4.3.2 Contiguous phases モデルによる)

図27　縄紋中期の時期別の較正年代推定値

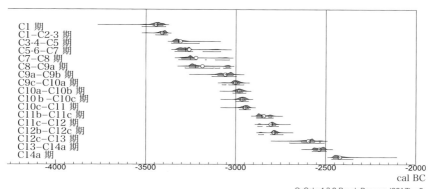

図28 縄紋中期時期間境界の年代推定値

### C9bc 期

勝坂3式（井戸尻3式・終末）5030-4950cal BP（3080-3000cal BC）の80年間と推定。新地平（中山）編年で9bcの2細別すると、1細別時期40年。旧稿（2004a）では9c期は短期間と推定しているが、試料数の不足から9c期の時期幅は推定できなかった。

### C10a 期

加曽利E1a式・曽利Ⅰ式古、4950-4930cal BP（3000-2980cal BC）の20年間と推定。

### C10b 期

加曽利E1b式・曽利Ⅰ式新、4930-4890cal BP（2980-2940cal BC）の40年間と推定。

### C10c 期

加曽利E1c式・曽利Ⅱ式古、4890-4860cal BP（2940-2910cal BC）の30年間と推定。

### C11ab 期

加曽利E2式古（曽利Ⅱ式新～Ⅲ式）、4860-4770cal BP（2910-2820cal BC）の90年間と推定。新地平（黒尾）編年で11abに2細別すると、1細別時期45年。

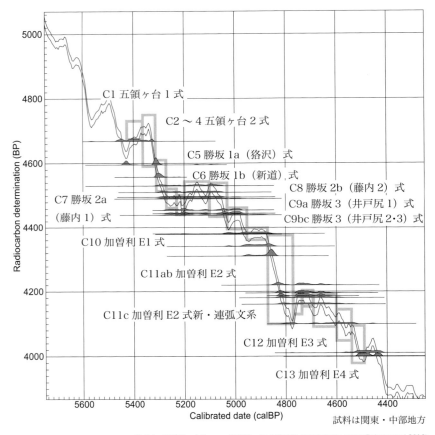

図29 縄紋中期測定データと較正曲線 IntCal13

C11c 期

加曽利E2式新（曽利III式・連弧文系最盛期）4770-4730cal BP（2820-2780cal BC）の40年間と推定。新地平（黒尾）編年で連弧文から11c1・2に2細別すると、1細別時期20年。

C12a 期

新地平編年12a期、曽利III新〜IVa式、4730-4700cal BP（2780-2750cal BC）の30年間と推定。

第7講 縄紋時代中期の実年代 *109*

### C12b 期

新地平編年 12b 期、曽利 IVb 式、4700-4600cal BP（2750-2650cal BC）の100 年間と推定。

### C12c 期

新地平編年 12c 期、曽利 Va 式、4600-4540cal BP（2650-2590cal BC）の60 年間と推定。

### C13 期

加曽利 E 4 式（曽利 V 式）4540-4490cal BP（2590-2540cal BC）の 50 年間と推定。新地平（黒尾）編年で 13ab に 2 細別すると、1 細別時期 25 年。ただし 13b 期については次時期の 14a 期の加曽利 EV 式との区分の再検討が求められる。

### C14 期（K 1 期）

加曽利 EV 式・称名寺 1～2 段階（石井 1992）4490-4395cal BP（2540-2445cal BC）の 95 年間と推定。石井編年の称名寺第 1・2・3 段階に準拠し 14abc に 3 細別すれば、1 細別時期約 30 年となるが、上述のように加曽利 E 4 式と EV 式との型式学的区分および本時期を中期に組み入れるべきか、後期の画期とするべきか、意見が分かれている。縄紋中期大別の指標である加曽利 E 式土器群の存在を評価し、加曽利 EV 式が地域・遺跡によっては主体的に存在する可能性がある C14 期を将来は改めて縄紋中期に組み込むことを視野に入れつつ、ここでは、現在における土器編年の大勢に従い、称名寺式が出現する C14 期は K 1 期として縄紋後期としておく。

# 第8講

# 縄紋時代後期の実年代

## 第1節　関東を中心とした縄紋時代後期年代の分析

　関東地方を中心に縄紋後期の土器大別型式ごとの年代を検討する。特に、西日本から土器群が伝播したとされる称名寺式期、再び大型貝塚が展開する堀之内式期、磨消縄紋技法として、日本列島に広域に広がる特徴的な型式である加曽利B式期の実年代を、その分布の中心である関東地方において精緻に推定することを主目的とする。AMSによる他機関の測定事例、たとえば山本直人・小田寛貴が測定・公表してきたデータ（小田・山本 2003 など）などを参照しつつ、関東地方を中心とした縄紋時代後期の年代測定結果を検討することとし、知見の及ぶ範囲で全国の 644 測定例を集成した。ここで直接扱う対象は、集成したデータから関東地方（神奈川・東京・千葉・群馬・茨城・栃木）の 276 例のデータを中心として、適宜必要に応じて周辺地域の測定に触れる。

### 1. 横浜市稲荷山貝塚の分析

　関東地方の堀之内式土器の年代測定では、松田光太郎が調査し、堀之内1～2式土器の層位的出土状況を整理した上で $^{14}$C 年代測定（松田ほか 2002）をおこなった神奈川県横浜市稲荷山貝塚について、さらに松田の協力を得て層位別に 20 例以上の測定を新たにおこなった（図30）。堀之内1式から2式にかけての層位ごとに、出土炭化物の $^{14}$C 年代測定をおこなった。堀之内2式土器新段階が伴う可能性のある第2地点II1オ層で 3555±35 $^{14}$C BP（炭化物No.5、PLD-694）、堀之内2式土器中段階の出土する第1地点II①層で 3490±35 $^{14}$C BP（炭化物 No.1、PLD-690）同じ時期の第2地点II1ウ層（住居覆土

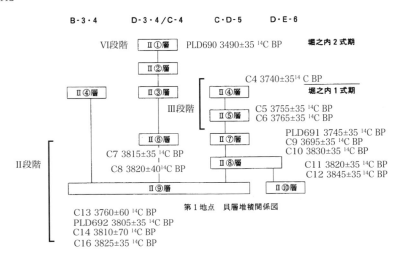

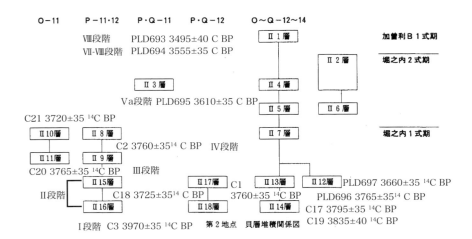

**図30** 稲荷山貝塚試料の出土層位相対序列（松田ほか 2002に加筆）

の可能性がある）で 3495 ± 35$^{14}$C BP（炭化物 No.4、PLD-693）、堀之内 2 式古段階前半の土器が出土する第 2 地点 II 5 層で 3610 ± 35$^{14}$C BP（炭化物 No.6、PLD-695）、堀之内 1 式中段階前半の土器が出土する第 1 地点 II ⑦層で 3745 ± 35$^{14}$C BP（炭化物 No.2、PLD-691）、同じ時期の第 1 地点 II ⑨層で 3805 ± 35$^{14}$C BP（炭化物 No.3、PLD-692）、同じ時期の第 1 地点 II 14 エ層で 3765 ± 35$^{14}$C BP（炭化物 No.7、PLD-696）、同じ時期の第 1 地点 II 14 オ層で 3660 ± 35$^{14}$C BP（炭化物 No.8、PLD-697）という炭素年代が得られている。これらの松田による測定をさらに補足するために、KNMI-C 1〜C21 とした 20 点の炭化物を測定した。

　稲荷山貝塚での測定（小林ほか 2005a）のうち、貝層出土炭化物について、堆積順序が古い順に並べて検討した結果をみておきたい（図 30）。

　基本的に下位の層出土の炭化物は古く、上層の炭化物は新しい。ただし、1 地点 9 層、2 地点 14 層には、誤差範囲以上に異なった年代の炭化物が含まれ、問題があることがわかる。1 地点の中でも 6 層と 7・8 層とは前後関係が不明であるが、稲荷山貝塚の報告でのセクション図（松田ほか 2002）を比較し、6 層と 7 層が対比されるものと解釈して 8 層→6・7 層とした。第 2 地点でも 10・11 層、9・15 層、14 層について直接の前後関係が認められないが、出土土器の段階などを勘案し、13 と 15 層がほぼ同一、9 と 10 層がほぼ同一とみなして序列をつけた。

　各層序の堆積順序が正しく把握され、かつ堆積時に近い時期に伐採された木材の樹林の外側が炭化材となっていれば、堆積順序に合致して年代値が測定されているはずである。実際にはそれぞれの仮定において年代差がある試料が包含されている場合もあり得るし、樹幹の中心近くの部位が遺存し樹齢分古い測定値が得られるなど古木効果を考慮する必要もある。ただし、1 地点 9 層の C13・C14、2 地点 14 オ層の PLD697 は、他の炭化物に比べ明らかに新しく、混入の可能性を考え、除外する。それ以外の炭化物は、おおよそ較正曲線に沿った位置にプロットできる（小林ほか 2005a）。すなわち、各炭化物の順番が正しい（一部の層位間では直接の斬り合い関係がなく推測となるし、同一層位内の出土炭化物はほぼ同時とみなさざるをえないが、棚上げする）と仮定すると、その間の年代は不明ではあるが、年輪年代とのウイグルマッチングに準じ

たものとして、相対序列によるウイグルマッチングとみなすことができ、準ウイグルマッチングと称している（図35参照）。

　以上のような、炭化物試料のうち整合的な炭素年代の測定結果を較正曲線にマッチングした結果を、調査者の松田による各層位の整理（松田ほか 2002）と石井寛による編年（石井 1992）を基準とした時期設定の対比に従って、測定値を較正曲線に位置づけていくことで、旧稿（2006b）では時期別の年代を仮設した。前後の順番を守るならば、較正曲線上で最もよく適合する位置が定まってくる。たとえば、最も多く測定している稲荷山II段階にあたる試料について、層位ごとに測定値をみると、較正曲線の2220cal BC 頃の波から2160-2150cal BC にかけて右下がりの位置に並べることができる。その後にくることが確実な稲荷山III段階の試料は、部分的にII段階の後半の測定値よりも$^{14}$C 年代の上では古い試料が多く、2150cal BC 頃に$^{14}$C 濃度がいったん逆行するように波行している部分にあたると推定できる。このように、前後の関係と$^{14}$C 年代を較正曲線の最も適した位置に置くことができ、その位置を実際の年代と仮定して、各段階に年代を当てはめ、次のように較正年代を仮設する（小林 2006b の推定値を、その後の測定などにより若干変更）。

**稲荷山第 I 段階（堀之内 1 式古段階）**

　　2285cal BC より新か（稲荷山の炭化物 C 3 の年代は称名寺式期）。

**稲荷山第 II 段階（堀之内 1 式中段階前半）**

　　2220-2160cal BC 頃。

**稲荷山第 III 段階（堀之内 1 式中段階後半）**

　　2160-2130cal BC 頃。

**稲荷山第 IV 段階（堀之内 1 式土器新段階）**

　　2100cal BC 頃まで。

**稲荷山第 Va 段階（堀之内 2 式土器古段階前半）**

　　2100-1970cal BC ないし 2100-2000cal BC 頃までか。測定値が得られていない Vb 段階が 2000cal BC 頃か。

**稲荷山第 VI 段階（堀之内 2 式土器中段階）**

　　1970cal BC 頃までか。

　上の年代比定は、あくまで各層位に含まれる炭化物の年代であり、直接的に

は各層位の堆積期間を反映しており、そのまま各層位が対比される土器細別時期の年代幅とはいえない。しかしながら、特に第Ⅱ段階から第Ⅳ段階は、連続的な堆積順序と整合的な関係が認められ、連続的な年代推移があるのではないかと考えられる。特に第Ⅱ段階については、1地点9層の新しい2点以外・2地点14エ（1）層の下位堆積層は2230cal BC頃に較正曲線と最もよく合致し、1地点8・6層と2地点14・13層は、その直後から2190cal BC頃にかけて、さらに上位に堆積する1地点7層・2地点15層出土炭化物は2180cal BCより新しいと仮定できる。

　稲荷山貝塚出土土器付着物は、4200[14]C BPと数百年古い年代であるが、$\delta^{13}$C値が-21‰より重く、明らかに海洋リザーバー効果の影響が考えられる（小林ほか 2005a）。秋田県茨野遺跡でも、AKT77がやはり古く、$\delta^{13}$C値が-21‰と重く、海洋リザーバー効果の可能性が高い。新潟県の分谷地A遺跡では、南三十稲場式古期が2340-2200cal BC、新期が2230-1900cal BC、堀之内2式系土器が1980-1850cal BCに含まれる可能性が高い。是川遺跡・風張遺跡などの十腰内式土器では、一部の土器はやや古い年代を示すが、十腰内1式が2030-1880cal BC、十腰内2式が1920-1730cal BC、十腰内4式が1450-1250cal BC、十腰内5式またはそれ以降が1500-1320cal BCの各年代の中に含まれる可能性が高い。ここでは、4式と5式が逆転しているが、較正曲線の波行によるもので、4式は1450cal BCに、5式は1320cal BCに近い可能性があろう。

　神奈川県稲荷山遺跡での事例や、千葉県流山市三輪野山遺跡、多摩ニュータウンNo.243遺跡、小林・今村らが測定した分谷地A遺跡の三十稲場式・南三十稲場式土器付着炭化物の測定などの成果に、準ウイグルマッチングの成果を含むその他の測定事例を総合した結果、旧稿（2006b）での年代推定を若干改め、後期称名寺式期は2440-2285cal BC、堀之内1式は2285-2100cal BC、堀之内2式は2100-1950cal BC頃と考える。

## 2. 千葉県西根遺跡の縄紋時代後期中葉の年代測定

　千葉県印西市西根遺跡は、1999年から2000年にかけて千葉県文化財センターが調査し、縄紋後期加曽利B式期の土器・獣骨片などの遺物集中箇所7地

点が検出された。遺物集中箇所はそれぞれ数十メートルほどの範囲で、おおむね時期ごとにまとまり、旧河道の上流から下流に沿って、時期が下っていく傾向がある。土層断面観察から、遺物集中箇所は、縄紋時代後期には川べりにあたると考えられる。この遺跡は、当時の川べりにおいて、多量の土器を集積した場と想定される。

千葉県より依頼を受けて国立歴史民俗博物館で年代測定の処理をおこない（試料記号 CMN）、一部の炭素量の少ない試料を除き、東京大学タンデトロン加速器施設などで AMS 測定した。土器型式の認定や出土位置については、筆者が整理したものであることを断っておく。

図 31 には、出土位置をプロットし、土器を土器ナンバーで図示する。ただし、CMN171・307・368 などは、小破片であるほかの理由で図示していない。CMN171 は漆容器と思われる古代土師器内面付着の生漆で表層よりの出土であるが、他は河道近くからの縄紋後期土器集中（第 1～第 7 集中地点）より出土した、縄紋後期中葉加曽利 B 式に伴う資料である。

CMN002・015・307・762 は土器付着漆である。うち、762 は縄紋後期の漆容器に付着していた生漆である。CMN368 は、胴部外面の黒色付着物で、煤か塗料か判然としなかったものである。他の漆は、土器器面のひび割れなどの補修用に塗られていた漆膜である。

CMN106 および 107 については、別々の測定機関で 2 度測定した（CMN 106rt および 107rt）。CMN106 については、二酸化炭素化精製時に分取した二酸化炭素を、別機関で測定した。従って、採取した炭化物および前処理は同一である。CMN107 については、外面から採取した炭化物を処理したが、土器からみてやや古い年代であったため、CMN107rt として内面から採取した炭化物を再処理し、再測定した。その年代は外面付着物とほぼ同じで、同一時期の土器付着物に比べ古い年代値が測定され、海洋リザーバー効果の影響を受けている可能性が考えられた。

加曽利 B 式は、関東地方縄紋後期後葉の土器型式であり、黒色研磨され磨消縄紋による文様を配した小型深鉢・浅鉢など供献・飲食・貯蔵用途の精製土器と、文様装飾の少ない大型の煮炊き用の粗製土器とがある。今回、土器については、内面付着の焦げ、口縁外面付着の吹きこぼれ、胴部外面付着の煤、漆

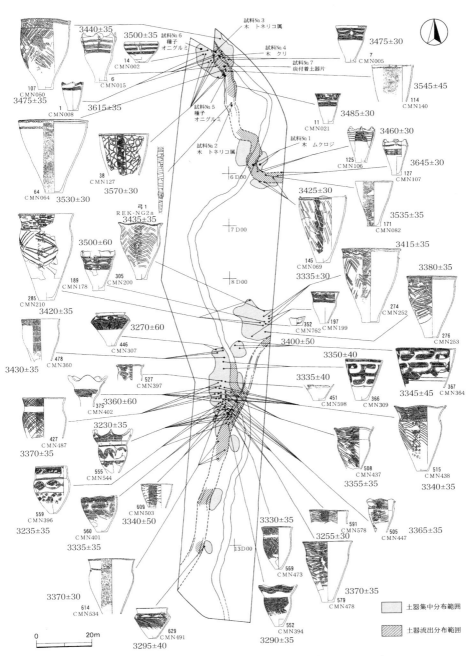

図31 西根遺跡年代測定試料（千葉県埋蔵文化財センター 2005）

塗精製土器の漆膜、破損土器の補修と思われる割れ目に塗布された生漆など、土器付着炭素試料を採取した。また、加曽利B1式期の遺物集中箇所出土の漆塗弓に、巻かれていた樺樹皮と、塗られていた漆膜それぞれを測定し、一致した結果を得た。

西根遺跡測定土器で最も古いCMB8は、3615±35$^{14}$C BPで、3990-3835cal BP（2040-1890cal BC）の中の一時点であり、較正年代が堀之内2式土器の推定年代にも重なるが、新しい較正値である1880cal BCに近い頃と考えれば、第1集中地点から多く出土している加曽利B1式前半期の年代を1950-1880cal BCとみることができる。第2集中地点から多く出土する加曽利B1式後半期は、CMN2・15・21の較正年代から1800cal BCを含む可能性が大きく、第3遺物集中地点の加曽利B2式前半は、CMN178（3500±60$^{14}$C BP）などの較正年代から1800-1680cal BCを含む可能性が大きい。よって、加曽利B1式後半は1880-1800cal BCの年代、加曽利B2式前半は1800-1620cal BCと推定される。第4・5集中地点の加曽利B2式後半は、CMN307（3270±60$^{14}$C BP）・402（3360±60$^{14}$C BP）・437（3350±60$^{14}$C BP）の較正年代から1620-1575cal BCの年代である確率が高い。第5集中地点を主とする加曽利B3式は、CMN401（3335±35$^{14}$C BP）・473（3330±35$^{14}$C BP）・544（3230±35$^{14}$C BP）の較正年代から1520cal BCの年代を含む確率が高い。最も新しい年代を示したCMN396（3235±35$^{14}$C BP）・544は、1610-1435cal BPに95.4％の確率で含まれ1550cal BC以降である確率が高い。加曽利B3式は1575-1470cal BCとする。他の事例とあわせ、加曽利B式土器群の継続期間は、1950-1470cal BC頃の長期にわたると考えられる。

なお、CMN107は、加曽利B1式新期以降の文様構成であるが、$^{14}$C年代はやや古く3640±40$^{14}$C BPで較正年代では4085-3855cal BP（2135-1905cal BC）に95.4％で含まれる。CMN107を含めやや年代が古い測定値を示した土器付着物のδ$^{13}$C値は、おおむね-23～-26‰に収まり、海洋リザーバー効果の影響で古い年代となっている可能性は高くない。炭酸ガス化時の炭素含有率も50～60％程度で安定しており、鉱物に由来する炭素の汚染も考えにくい。旧稿（2006b）においては、出土位置が旧河道の中にあたる可能性があり、周辺に加曽利B1式期の遺物が多数包含されることから、埋没後に土器よりも古

い時期の有機物が付着したためにやや古い年代が測定されたのではないかと考えたが、本書での再検討の結果、むしろ 3855cal BP 頃とみて加曽利Ｂ１式新期の上限を示すと捉え直したい。

## 第２節　ウイグルマッチングによる年代比定

　木材の年輪試料を用いてウイグルマッチングが可能な場合、年輪数や較正曲線の状況によるが、より高精度な年代比定が可能となり、共伴する土器型式が明確であれば、年代を決める上での定点とすることができる。筆者が扱うことができた縄紋後期に属する事例として、神奈川県真田北金目遺跡の木材の事例（国立歴史民俗博物館年代測定研究グループ・小林 2008）と、千葉県野田貝塚火災住居出土炭化木材の事例（年代測定研究グループ 2007）を扱う。

### 1. 神奈川県真田北金目遺跡の木材の事例

　神奈川県平塚市に所在する真田北金目遺跡 15E 区旧河道内出土堰状遺構木材および 15E 区 SX1004 遺構下層出土の堀之内１式後半と思われる土器付着物６点の年代測定をおこなった（国立歴史民俗博物館年代測定研究グループ・小林 2008）（図 32 上）。資料の情報は、平塚市遺跡調査会による。試料記号はKNHS とした。

　流路に残されていた大型のムクノキの丸太材については、年輪試料を外側から 10 年輪ごとに採取し、ウイグルマッチをおこなった。材はほとんど樹皮近くから残り、中心までで 131 年以上の年輪を数えた。各年輪１年輪を切り取り、測定をおこない、較正曲線とパターンマッチをおこなった。その結果、最外年輪は 4225–4185cal BP（2275–2235cal BC）に含まれる１時点である可能性が高く、Median で 4204cal BP である。この 2255cal BC は堀之内１式古段階の年代と捉えられ、後述の同一調査区に包含されていた堀之内１式中段階から新段階の土器が、この木道ないし堰状の木材の設置よりも後出と考えれば、土器付着物の測定結果とも矛盾がないと考える。

　同一調査区の土器付着物の測定では、安定同位体比をみると胴部内面付着物である KNHS-6a のみが−23.5‰ と他に比べやや重く（絶対値で数値が小さ

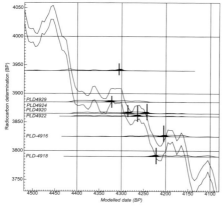
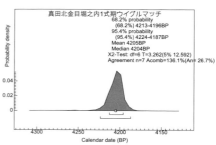

| | | |
|---|---|---|
| PLD4916 | KNHS-C16 1 1 年輪目 | 3825±25 |
| PLD4917 | KNHS-C16 11 11 年輪目 | 3970±25 |
| PLD4918 | KNHS-C16 21 21 年輪目 | 3790±25 |
| PLD4919 | KNHS-C16 31 31 年輪目 | 3840±25 |
| PLD4920 | KNHS-C16 41 41 年輪目 | 3865±25 |
| PLD4921 | KNHS-C16 51 51 年輪目 | 3870±25 |
| PLD4922 | KNHS-C16 61 61 年輪目 | 3860±20 |
| PLD4923 | KNHS-C16 71 71 年輪目 | 3885±25 |
| PLD4924 | KNHS-C16 81 81 年輪目 | 3865±25 |
| PLD4925 | KNHS-C16 91 91 年輪目 | 3885±25 |
| PLD4926 | KNHS-C16 101 101 年輪目 | 3940±30 |
| PLD4928 | KNHS-C16 111 111 年輪目 | 3835±25 |
| PLD4929 | KNHS-C16 121 121 年輪目 | 3885±25 |
| PLD4927 | KNHS-C16 131 131 年輪目 | 3910±25 |

真田北金目遺跡群旧河道内堰状遺構
堀之内1式期（K2期）

年輪試料　最外～20年輪おき

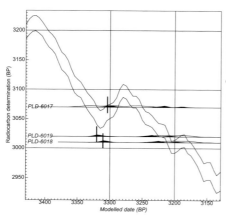
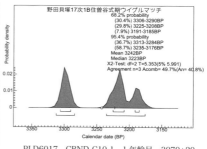

| | | |
|---|---|---|
| PLD6017 | CBND-C10-1　1 年輪目 | 3070±20 |
| PLD6018 | CBND-C10-10　10 年輪目 | 3010±20 |
| PLD6019 | CBND-C10-20　20 年輪目 | 3020±20 |

野田貝塚 17 次 1B 住（曽谷式 K7 期）

年輪試料　最外1年輪，10年輪，20年輪目

OxCal v4.3.2 Bronk Ramsey (2017);-r:5 ; IntCal13 atmospheric curve (Reimer et al 2013)

IntCal13 および OxCal v4.3.2 Dendro wiggle match ツールによる

**図32　真田北金目遺跡群・野田貝塚のウイグルマッチング**

く）、海洋リザーバー効果の影響を受けていると考えられ海産物などの煮焦げの可能性が高い。その場合、海洋中の古い炭素が含まれていることにより、実際に煮炊きされた年代より古い $^{14}$C 年代となっている可能性が高く KNHS-6a は年代推定からは除外する。

縄紋後期の堀之内 1 式中段階と考えられる土器付着物は KNHS-4 が 3815 ± 35 $^{14}$C BP で、較正年代で 4300–4090cal BP（2350–2140cal BC）に含まれる確率が最も高い。やや新しい様相をもつ KNHS-5（3675 ± 25 $^{14}$C BP）および 12（3695 ± 25 $^{14}$C BP）は、KNHS-5 に代表させると較正年代で 4090–3920cal BP（2140–1970cal BC）に含まれる確率が高く、後期堀之内 1 式後半～堀之内 2 式前半にかけての年代に対比される。

## 2. 千葉県野田貝塚火災住居出土炭化木材の事例

千葉県野田市野田貝塚出土木材・炭化材などの測定をおこなった。17 次調査分は、国立歴史民俗博物館に野田市より提供された資料から筆者が採取した（年代測定研究グループ 2007）（図 32 下）。資料の出土層位などは、野田市教育委員会による。17 次調査については、1B 号住居床面の編物状材の縦緯と横条の材（タケ亜科）各 1 点、同じ住居の焼失構築材と考えられる炭化材 1 点の最外縁、10 年輪目、20 年輪目の 1 年輪分の材を試料とし、炭化材については年輪数が少ないものの、ウイグルマッチングを試みた（試料記号 CBND）。

17 次調査 1B 住は、床面にマット状の敷物が敷かれた状態で検出された火災住居である。CBND-9a はタケ亜科である繊維を編物状に組み込んだ材の上側を 9a、下側を 9b として採取し、測定した。その結果は、ほぼ一致し、3060 ± 20 および 3100 ± 20 $^{14}$C BP、較正年代で、1400–1280cal BC 頃の年代幅の中のいずれかの年代と推定される。CBND-10 は、同じ住居の構築材と思われる、20 年分の年輪がはっきりと残っていた炭化材から、遺存する最外縁の年輪（C10-1）、外から 10 年輪目の 1 年輪分（C10-10）、現存する最内縁である外から 20 年輪目の 1 年輪分（C10-20）を採取し、測定した。最外縁で、3070 ± 20 $^{14}$C BP と編物とほぼ一致し、較正年代で 1405–1275cal BC に含まれる確率が 95.4% である。最外縁に比べて 10 年輪目が $^{14}$C 年代で若返っており、20 年輪目はほとんど変わらない数値である。これは、較正曲線の上では 3275cal BP

（1325cal BC）にピークがある逆行するカーブの始まる頃にあたる可能性があり、この炭化材の外縁が 3305-3300cal BP（1350cal BC）頃である可能性を示唆している。住居は曽谷式〜後期安行式初めに帰属すると考えられる。

この住居と同時期かやや新しい時期の所産と考えられる 20 次調査土坑 21 などから出土した炭化材 CBND-C 8・C 9・C11 についても測定した。重複関係で曽谷式土器に伴う C11（2995±20$^{14}$C BP）より、それを切る土坑出土である C 7・C 8 が新しいが、測定結果からはほとんど同一の年代（2995±25$^{14}$C BP）が得られている。曽谷式〜後期安行式にかけての年代と捉えられる。

## 第3節　関東地方縄紋時代後期の実年代推定

関東地方を中心に、縄紋後期について較正年代を検討した。特に堀之内式期から加曽利 B 式期においては、稲荷山貝塚における貝層の層位的出土炭化物の年代測定と、西根遺跡における集中箇所と型式学的変化が一致した資料での土器付着炭化物の測定が、考古学的状況から相対的な前後関係を提供した上で $^{14}$C 年代測定をおこなった好事例となっている。

すなわち、稲荷山貝塚では、堀之内 1 式期の土器型式の細別時期以上に層位的に区切られており、各層から出土した炭化材の相対順序は、直接重なりあわない一部の層の関係は不明なものの、一定の順番として並べることができる。同様に、西根遺跡では、河川に沿って廃棄された土器集中箇所が、時間的に徐々に位置が動いている事実からみて、おおよそ位置によって廃棄された順序を推測することが可能である。もちろん、廃棄の単位が大きなまとまり以外は不明確であるし、埋没後の移動も含め、型式学的な順序と合致しない事例もあり、すべてが出土した位置で時間的順序となっているのではないが、川上から川下への位置によって相対的順序を推定し、並べることとする。

それに、東京都下宅部遺跡など、多数の測定結果を得た事例から称名寺式期や堀之内 2 式を重ねつつ、測定値と較正曲線とを重ねてその関係を検討する。貝層の層位および廃棄箇所での位置の関係からは、その時間的まとまりや前後の相対順序は推測できるものの、その間の時間は既知ではない。たとえば貝層の堆積にしても、数日の差であることから数十年の断絶をもって堆積すること

まで様々である。ここではそれぞれが数年程度の差をもって並んでいると仮定
し、相対順序は崩さないようにした上で、較正曲線上にのるか、または前後で
挟み込むように配置していった。縄紋中期の事例においても土器式の順序
と、過去の大気中の $^{14}$C 濃度の反映である較正曲線との関係を図示し、土器型
式の順序ごとに較正曲線の上に測定結果をほぼ矛盾なくプロットすることがで
きた（図29）。較正曲線が正しくかつ土器編年が正しいと考える以上、ある程
度の範囲に絞って土器型式のまとまりの較正年代を絞り込んで推測することが
できることを確認した（小林 2006b）。また、ウイグルマッチの結果から堀之
内1式の時期には、真田北金目遺跡の木材の4204cal BP（2255cal BC）頃が
含まれ、野田貝塚17次1B住例から曽谷式から安行1式期には3300cal BP
（1350cal BC）が含まれると考える。

　縄紋後期の諸型式の年代についても同様の型式・出土層位と較正曲線との関
係、ウイグルマッチングによる高精度な年代比定が可能となった事例、他の時
期においても試みてきた OxCal v4.3.2 の関数を用いたイベントの年代範囲の
推定プログラムを参照し、総合することにより土器型式時期ごとの年代を推定
することが可能である（図33・34）。また準ウイグルマッチングとして較正曲
線との対比をおこなった（図35）。

　以上の結果をもとに、大別土器型式ごとのおおよその暦年代を推定してお
く。縄紋中期と違い、集落内の遺構重複などを加味しておらず、またデータ数
も不足している。現時点では、互いの時期区分が年代として把握できるもので
はなく、幅をもって理解するべきであるが、おおむね型式ごとの測定値間の差
の中間値をとって区分した。よって、あくまで仮設した年代であるが、測定数
が少ない後期安行を除き、細別型式ごとの実年代の把握が仮定できる。

　現時点において、下記のような年代観を得ることができた。

### K 1 期

称名寺式期、4490-4235cal BP（2540-2285cal BC）頃。

**K 1-1 期**　称名寺 1a・1b 式　石井寛の編年による称名寺式第 1・2・3 段階、
　　新地平編年 14 期。4490-4395cal BP（2540-2445cal BC）頃。

**K 1-2 期**　称名寺 1c 式、石井編年の第 4・5 段階、新地平編年 15 期。4395-
　　4280cal BP（2445-2330cal BC）頃。

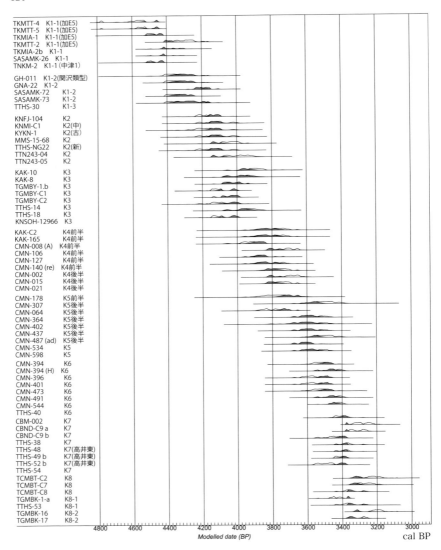

図33 縄紋後期時期別の較正年代推定値

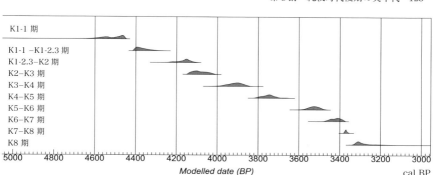

**図34** 縄紋後期時期間境界の年代推定値

**K1-3期** 称名寺2式、石井編年の第6〜7段階、新地平編年16期。
 4280-4235cal BP（2330-2285cal BC）頃。

**K2期**

堀之内1式、4235-4050cal BP（2285-2100cal BC）頃。

**K3期**

堀之内2式、4050-3900cal BP（2100-1950cal BC）頃。

**K4期**

加曽利B1式、3900-3750cal BP（1950-1800cal BC）頃。

**K5期**

加曽利B2式、3750-3525cal BP（1800-1575cal BC）頃。

**K6期**

加曽利B3式、3525-3420cal BP（1575-1470cal BC）頃。

**K7期**

曽谷式、3420-3370cal BP（1470-1420cal BC）頃。

**K8期**

後期安行式、3370-3220cal BP（1420-1270cal BC）頃。

K8期については、安行1式をK8-1期、安行2式期をK8-2期と区分する

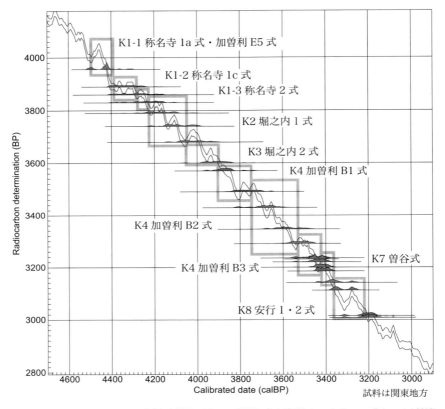

OxCal v4.3.2 Bronk Ramsey (2017);r:5 ; IntCal13 atmospheric curve (Reimer et al 2013)

**図 35** 縄紋後期測定データと較正曲線 IntCal13

ことも可能と思われるが、測定例の蓄積が十分ではなく、現時点では年代を推定できない。

　加曽利 B 式土器群の継続期間は、1950-1470cal BC の約 480 年間である。加曽利 B 式期に特徴的な磨消縄紋技法は、東日本を中心に比較的短期間に広がり長期にわたり継続したことが推定できる。

　今後も、東日本の縄紋土器の年代測定について、測定例を増やし、実年代を比定していきたい。後晩期においては、土器付着炭化物・漆・遺構共伴出土炭化物試料も多数確保できると予想され、考古学的なチェックとして、共伴関係

の把握や、試料や処理方法のチェック（小林 2004c）、たとえば低湿地などでの出土に伴う汚染などの危険性を、十分に注意して除いていけば、$^{14}$C 年代的にも整合的な時間的再構成が望めるものと思われる。まずは、関東・東北地方の縄紋土器編年の基軸となっている土器群の年代的位置づけを、古い順から隙間なく連続的に把握することが重要と考える。たとえば、特定の時期だけを取り上げようとしても、その年代的位置づけは、ある程度の確率の年代幅の中で揺れ動いてしまうこともあり得る。文化史的にも、歴史的再構成の原則として考えるならば、横の関係、他地域との並行関係も重要であるが、同時に縦の関係について、縄紋時代を通して、$^{14}$C 年代測定とそれに基づく較正年代によって、連続的に年代を積み上げていく必要があろう。

# 第9講

# 縄紋時代晩期の実年代

## 第1節　東北地方・関東地方を中心とした縄紋時代晩期の年代

　縄紋晩期については、筆者らによる測定例とあわせて他機関の公表データも一部利用し、北海道〜九州まで691測定例を集成した。本書では、縄紋土器編年の基準となっている東日本での年代比定を固める目的で、東北地方の縄紋晩期（201測定例）および関東地方の縄紋晩期（59測定例）の実年代比定を検討する。

　実年代を検討する上では、土器型式比定に確実性がない試料（東京都下宅部遺跡の水場遺構構成材や土器付着物でも粗製土器など土器型式が不明確な試料、岩手県大橋遺跡や金附遺跡、千葉県三輪野山貝塚（小林ほか 2007b）や井野長割遺跡の盛土状の包含層から層位的に出土した木炭など）や、土器付着物でも $\delta^{13}C$ 値が $-24‰$ より重い（$-20$〜$-23‰$ 程度）、海洋リザーバー効果の影響を受けている可能性がある試料は除く。結果的に、年代検討に用いた東北地方のデータは150例程度、関東地方のデータは50例程度である。

## 第2節　関東地方安行3式での測定事例

　南関東地方の縄紋晩期については、東京都下宅部遺跡の土器付着物（図36）および水場遺構の構成材などの測定を集中的におこなった成果がある（工藤ほか 2007）。一部の海洋リザーバー効果の影響など問題ある例を除いた上で、下宅部遺跡（試料記号 TTHS）の事例を中心に関東地方晩期安行系土器関連の測定結果を検討する。

130

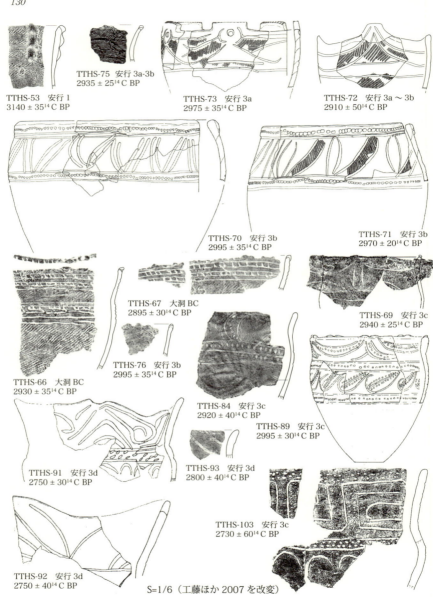

図36　縄紋晩期下宅部遺跡の測定試料

安行 3a 式 TTHS-72 は $^{14}$C 年代で 2910±50$^{14}$C BP、較正年代で 3185-2920cal BP に含まれる可能性が 92.6%、TTHS-73 は $^{14}$C 年代で 2975±35$^{14}$C BP、較正年代で 3420-3005cal BP に含まれる可能性が 94.6%、TTHS-75 は $^{14}$C 年代で 2935±25$^{14}$C BP、較正年代で 3170-3000cal BP に含まれる可能性が 95.4% である。安行 3a 式に関わる下宅部遺跡以外の測定例としては、東京都町田市田端遺跡出土土器付着物が 2850±40$^{14}$C BP、千葉県流山市三輪野山遺跡出土土器付着物が 2820±40$^{14}$C BP（小林ほか 2007b）の測定例がある。関東地方の晩期の始まりである安行 3a 式期は、3250cal BP より新しい可能性がある。

安行 3b 式 TTHS-71 は $^{14}$C 年代で 2970±20$^{14}$C BP、較正年代で 3210-3070cal BP に含まれる可能性が 95.4%、TTHS-70・TTHS-76 は同じ値で $^{14}$C 年代で 2995±35$^{14}$C BP、較正年代で 3255-3065cal BP に含まれる可能性が 88% である。同一時期の外来系である大洞 BC 式 TTHS-67 は $^{14}$C 年代で 2895±30$^{14}$C BP、較正年代で 3085-2945cal BP に含まれる可能性が 81%、TTHS-66 は $^{14}$C 年代で 2930±35$^{14}$C BP、較正年代で 3175-2965cal BP に含まれる可能性が 95.4% である。安行 3b 式期に関わる測定例としては、群馬県安中市天神原遺跡出土土器付着物が 2850±35$^{14}$C BP の測定例がある。以上より、安行 3b 式は 3100-3000cal BP 頃を含む年代と考えられる。

安行 3c 式の TTHS-69 は、外面煤（TTHS-69b）の $^{14}$C 年代で 2940±25$^{14}$C BP、較正年代で 3170-3000cal BP に含まれる可能性が 95.4%、TTHS-84 は $^{14}$C 年代で 2920±40$^{14}$C BP、較正年代で 3180-2950cal BP に含まれる可能性が 94.9%、TTHS-89 は $^{14}$C 年代で 2995±30$^{14}$C BP、較正年代で 3250-3070cal BP に含まれる可能性が 91%、TTHS-103 は $^{14}$C 年代で 2730±60$^{14}$C BP、較正年代で 2955-2750cal BP に含まれる可能性が 95.4% で、TTHS-103 を除き、安行 3c 式土器付着物は上記の安行 3b 式期と近い測定値のケースが多くみられる。安行 3c 式期に関わる測定例としては、千葉県君津市三直貝塚出土姥山 III 式の粗製土器胴部外面の煤（CBM11）（図 37）が 2860±35$^{14}$C BP、較正年代で 3040-2855cal BP に含まれる可能性が 94%（小林ほか 2006a）、群馬県安中市天神原遺跡出土天神原式土器付着物が 2710±35$^{14}$C BP（今村編 2004）の測定例がある。

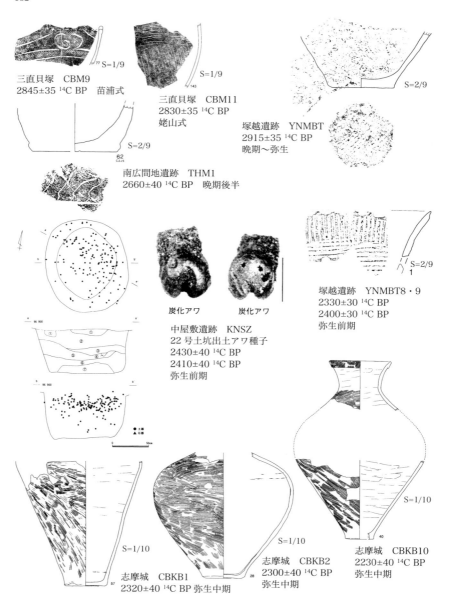

図37 縄紋晩期〜弥生時代関東地方の年代測定試料（小林 2007b）

安行 3d 式の TTHS-91 は、$^{14}$C 年代で 2750±30$^{14}$C BP、較正年代で 2925-2770cal BP に含まれる可能性が 95.4%、TTHS-92 は $^{14}$C 年代で 2750±40$^{14}$C BP、較正年代で 2945-2765cal BP に含まれる可能性が 95.4%、TTHS-93 は $^{14}$C 年代で 2800±40$^{14}$C BP、較正年代で 3000-2790cal BP に含まれる可能性が 95.4% である。安行 3d 式期に関わる測定例としては、千葉県君津市三直貝塚出土前浦式口縁部破片外側付着の煤（CBM9）が 2845±35$^{14}$C BP、較正年代で 3065-2865cal BP（1115-915cal BC）に含まれる可能性が 95.4% の測定例、埼玉県さいたま市南鴻沼遺跡の土器外面付着物の SASAMK-8 が 2605±20$^{14}$C BP、較正年代で 811-781cal BC に含まれる可能性が 95.4% の測定例（小林・米田 2017）がある。安行 3d 式は前 900 年代終わり頃より新しく、前 800 年頃に終わっている可能性が考えられる。

## 第 3 節　年輪試料によるウイグルマッチング

木材の年輪試料を用いてウイグルマッチングが可能な場合は、より高精度な年代比定が見込める。筆者が扱うことができた晩期に属する事例として、秋田県中屋敷 II 遺跡の柱材の事例[1]（小林ほか 2017）と、新潟県青田遺跡柱材の事例[2]（尾嵜ほか 2007）を扱う。

### 1.　秋田県中屋敷 II 遺跡の柱材の事例

縄紋晩期の日本海側の地域には、大型の木柱列・掘立柱建物柱根が多数発見されている。石川県チカモリ遺跡や真脇遺跡の木柱列や新潟県青田遺跡の建物柱根が著名であり、その木材年輪試料の $^{14}$C 年代測定によるウイグルマッチングによって、年代比定がおこなわれている。ウイグルマッチングは、これまでも多くの測定が実践されている（今村 2002、國木田ほか 2006・2016、坂本ほか 2006）。東北地方における縄紋晩期の建物柱根も確認されているが、これまで年代測定例がなく、北陸地方の建物との関係が問題とされていた。中屋敷 II 遺跡の 4 本柱建物の柱根から複数の年輪試料を採取し、ウイグルマッチングを試みた（図 38 上）。その結果、晩期中葉頃の年代が比定され、北陸地方の既知の建物と近い年代が確認された。また、同一建物の異なる柱根の $^{14}$C 年代測定

134

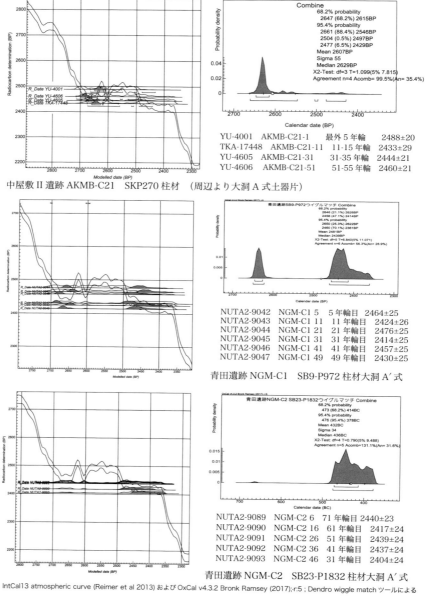

| YU-4001 | AKMB-C21-1 | 最外5年輪 | 2488±20 |
| TKA-17448 | AKMB-C21-11 | 11-15年輪 | 2433±29 |
| YU-4605 | AKMB-C21-31 | 31-35年輪 | 2444±21 |
| YU-4606 | AKMB-C21-51 | 51-55年輪 | 2460±21 |

中屋敷Ⅱ遺跡 AKMB-C21　SKP270柱材　（周辺より大洞A式土器片）

| NUTA2-9042 | NGM-C1 5 | 5年輪目 | 2464±25 |
| NUTA2-9043 | NGM-C1 11 | 11年輪目 | 2424±26 |
| NUTA2-9044 | NGM-C1 21 | 21年輪目 | 2476±25 |
| NUTA2-9045 | NGM-C1 31 | 31年輪目 | 2414±25 |
| NUTA2-9046 | NGM-C1 41 | 41年輪目 | 2457±25 |
| NUTA2-9047 | NGM-C1 49 | 49年輪目 | 2430±25 |

青田遺跡 NGM-C1　SB9-P972柱材大洞A′式

| NUTA2-9089 | NGM-C2 6 | 71年輪目 | 2440±23 |
| NUTA2-9090 | NGM-C2 16 | 61年輪目 | 2417±24 |
| NUTA2-9091 | NGM-C2 26 | 51年輪目 | 2439±24 |
| NUTA2-9092 | NGM-C2 36 | 41年輪目 | 2437±24 |
| NUTA2-9093 | NGM-C2 46 | 31年輪目 | 2404±24 |

青田遺跡 NGM-C2　SB23-P1832柱材大洞A′式

IntCal13 atmospheric curve (Reimer et al 2013) およびOxCal v4.3.2 Bronk Ramsey (2017);r:5 ; Dendro wiggle match ツールによる

**図38**　中屋敷Ⅱ遺跡・青田遺跡柱材のウイグルマッチング

をおこない、その間に年代差があるかどうか検討した。建材の伐採が同一時期か、古材や貯木材など異なる年代を示す木材が含まれるかをチェックすることで、縄紋時代の建築時の構築材のあり方について検討し得る。ここでは秋田県中屋敷II遺跡および戸平川遺跡の掘立柱建物跡の木柱を測定した例を紹介する（小林ほか 2017）。

　中屋敷II遺跡のC21木柱については、最外から1〜5年輪、11〜15年輪、31〜35年輪、51〜55年輪を採取し、山形大学および東京大学総合研究博物館で測定した。IntCal13およびOxCalを用いてウイグルマッチした結果（図38下）、$2\sigma$で2861-2546cal BP（711-596cal BC）に90%の確率で含まれる。ちょうど逆行した波高部分に明らかに合致しており、最外年輪試料はMedianの2629cal BPすなわち2630cal BP付近に最もよく合致する。なお、5年輪のブロックで測定しているため、最外年の年代は2〜3年新しい年代となる。樹皮が残らず最外年輪が樹皮直下であるとは確定できないが、大きく削られた状態は観察できず、おそらくは最外年輪の2〜3年下った年代が伐採年と想定され、2620-2630cal BPの範囲に含まれる可能性が高いと考える。

　あわせて秋田県において同様の材として戸平川遺跡の掘立柱建物跡木柱2本についても検討を試みたが、遺存状態が不良のため最外年輪のみを採取し前処理後、山形大学に委託して測定した。戸平川遺跡のC31は2750-2710cal BP、C3は2760-2510cal BPに含まれる可能性が95.4%である。2本の木柱が同一時期に伐採されたと考えると、両者が重なる2750-2710cal BP（800-760cal BC）に含まれる可能性が高いと考える。ただし、弥生・古墳時代の火災住居での構築材の測定例では、同一遺構の柱材に年代差が顕著な例があり、古材の再利用が考えられる例が認められる（小林 2012c）ため、検討が必要である。

　中屋敷II遺跡と戸平川遺跡では、それぞれ測定試料の周辺の同様の形状を呈するピットや周辺包含層から工字文ないしやや変形した工字文が付される大洞A式〜A′式に比定される土器破片が出土しており、縄紋晩期最終末期大洞A式新期の構築と考えられ、その年代を示すと捉えられる。

## 2. 新潟県青田遺跡柱材の事例

　新発田市（旧加治川村）に所在する青田遺跡では、$^{14}$C年代測定によるウイ

グルマッチングをおこなった（尾嵜ほか 2007）。木村勝彦と荒川隆史により、クリ材の年輪年代測定が進められ、掘立柱建物の2期にわたる構築とその年代差が明らかになっている（木村 2002、木村ほか 2002）。近年、年輪年代と酸素同位体比が精度を増し、マスタークロノロジーが整備されつつある北陸など日本海側では縄紋後晩期の実年代比定が蓄積されつつあり（木村ほか 2014など）、青田遺跡の木柱も年輪年代と酸素同位体比による年代決定が高い信頼性をもつと考えるが、ここでは$^{14}$C年代によるウイグルマッチングをおこなうこととする（図36下）。

　測定対象は、SB9のP972と、SB23のP1832である。ともに、木村勝彦研究室で切片にした年輪試料を分取し、名古屋大学で測定した。結果は、ともに2400年問題と称される較正曲線が平坦に寝る部分にあたるが、P972は2500BPよりも古い年代の波高に内側の年輪試料の測定値がかかり、P1832はそれよりも新しい平坦部分にすべて並ぶ可能性があり、年代差がある可能性も示されるが、確率範囲としては下記に示すように前5世紀前半で重複する。P972の最外年はやや古い値で較正曲線とあまり適合していない。最外年輪の較正年代は2650-2622cal BP（700-672cal BC）（25.3%）、2460-2361cal BP（510-411cal BC）（70.1%）、最頻値（Median）は2439cal BP（436cal BC）である。P1832は計算される最外年（測定試料の31年後）が2426-2328cal BP（476-378cal BC）に含まれる可能性が95.4%、最頻値（Median）は2386cal BP（436cal BC）である。最頻値には違いがあるが、2425-2360cal BP（475-410cal BC）の年代で重なっており、尾嵜（尾嵜ほか 2007）の結果とも合致するので、そのあたりの年代に最外年の年代が比定されると捉えるべきであろう。

　なお、青田遺跡のP1832（図38下）については、外側に腐食が認められたこともあり、年輪試料を最内縁（樹幹中心側）の遺存部分から採取し、年輪数を数えた。そのために、他の試料と試料ナンバーが逆となっている。図38の表に示す年輪の年数は、最外年輪からの年数に直して表記し、他の事例と逆に内側の年輪から順に並べてある。

　青田遺跡では、このほかには中村俊夫・木村勝彦（2004）によって掘立柱建物SB4の柱根P923および掘立柱建物SB5の柱根P879とP884について検討

が加えられている。尾嵩により IntCal04 を用いたウイグルマッチングによって再検討した結果を下記に示す。

SB4P923 最外年の較正年代は 689-679cal BC（3.3％）、501-401cal BC（92.5％）で、438cal BC が最頻値、SB5P879・P884 最外年の較正年代は 608-580cal BC（4.3％）、590-513cal BC（91.0％）で、538cal BC が最頻値である（尾嵩ほか 2007）。

木村ら（木村ほか 2002）は年輪パターンによって青田遺跡出土の木材試料を二つのグループに分けており、考古学的にみた建物の分布範囲や層序からグループ 1（SB5P879 および P884 が含まれる）が S 4 から 3 層期に、グループ 2（SB9P972 および SB23P1832 が含まれる）がより新しく S 1 層期にあたるとしている。SB4P923 は上記グループには分類されていない。

青田遺跡では、S 5 層とされる下層出土の鳥屋 2a 式古期の土器から最上層の S 1 層出土の鳥屋 2b 式・大洞 A′ 式相当の土器付着炭化物および漆の 10 点についても $^{14}$C 年代測定をおこなった（小林ほか 2004c）。土器胎土または土壌からの混入物によって古い年代値が測定されていると考えられる 2 点は年代比定の議論では除いた上で、尾嵩のウイグルマッチングでの年代比定とあわせて、縄紋晩期末葉の年代を以下のように議論した（小林 2007b、尾嵩ほか 2007）。

S 5 層の鳥屋 2a 式古期の大洞 A 式並行土器付着物は 2490±40 の測定値で 700cal BC 頃以降のある時期で 550cal BC よりは以前まで、その次の S 4 から 3 層の鳥屋 2a 式新期の大洞 A 式後半並行土器付着物は 2470±40 で 550cal BC を含み、最も新しい S 1 層の鳥屋 2b 式・大洞 A′ 式土器付着物は 2540±40、2510±50、2480±40 で 550cal BC から 520cal BC を含み、さらに 480cal BC から 410cal BC を含む年代と捉えられる（小林ほか 2004c）。S 4 層期については、鳥屋 2a 式古期の土器付着物からの 550cal BC より古いという結果に対し、尾嵩が示した SB5 の柱材からは 538cal BC という最頻値が得られており、やや土器付着物の結果は古くなっているものの近いとした。一方、年輪パターンでは位置づけられていないが、主軸方向などから考古学的に S 4 から 3 層期と位置づけられている SB4 の柱材は、較正年代はほぼ紀元前 5 世紀に収まり、同一層出土の鳥屋 2a 式土器付着物から推定される年代 2470±40 とにや

や違いがある。さらに P972 と P1832 が紀元前 500 から 400 年のいずれかの年代と考えれば、同一層である S 1 層出土の鳥屋 2b 式・大洞 A 2 から A′ 並行の土器付着物の 550-410cal BC という暦年較正結果とは 500-410cal BC において重なっているが、土器付着物からの比定の方が若干古く出ているのではないかと尾嵜は指摘している（尾嵜ほか 2007）。

今回 IntCal13 で計算し直した結果、基本的には変わらないが S 1 層すなわち大洞 A′ 式期に比定される柱材（SB4 および SB23 の柱）は、前 5 世紀後半に比定される可能性が高まり、鳥谷 2b 式古期・大洞 A′ 式が伴うとすれば大洞 A′ 式の年代は、475cal BC 以降から 410cal BC の年代のいずれかを含む可能性が高い。


## 第 4 節　東北地方との対比

縄紋晩期については、汎日本列島的な縄紋晩期広域編年の基準となる東北地方大洞諸型式に対して、実年代比定を優先的におこなう必要がある。歴博を中心とする年代測定研究グループでは、東北地方縄紋晩期の年代測定を優先課題の一つと位置づけ、青森県是川中居遺跡、秋田県向様田 D 遺跡（小林謙・小林克 2006）・中屋敷 II 遺跡、岩手県九年橋遺跡（小林ほか 2004h・2005b）・飯島遺跡（小林ほか 2006b）・金附遺跡（小林ほか 2006c）・大橋遺跡・九年橋遺跡（小林・遠部 2007）、山形県宮の前遺跡・砂子田遺跡・生石 2 遺跡（小林ほか 2005i、小林謙・小林圭 2006）などで測定を重ね、おおよそ各土器型式の実年代比定を仮定した（小林 2007b など）。近年における測定例を概観した上で、現時点における大洞諸型式の年代観を修正し（図 39）、それを基準として西日本との年代比定、関東地方との年代比定をまとめる。

岩手県北上市大橋遺跡では、盛土遺構の層別に取り上げられた土器の付着物および共伴する炭化物多数を測定した。その結果、大洞 C 1・C 2・A 式土器について、層別に年代値を得ることができた。特に大洞 C 2 式については、南盛土の B 3・10 区 8 層（B 4 区 4 層）を境に層位的に新古に 2 分でき、上層は大洞 C 2 式新段階、下層は大洞 C 2 式古段階と捉えられ、その境は前 840～前800 年頃と仮定できた。

第 9 講　縄紋時代晩期の実年代　139

　岩手県金附遺跡上層（2層）より出土した弥生中期初頭山王III層式・谷起島式相当期の炭化材・土器付着物は、紀元前400〜前200年の中の一時点である可能性が高いという結果であった。下層（3層）出土の大洞A′式土器は、すべて「2400年問題」の中に含まれる2400 $^{14}$C BP年代の測定値であり、縄紋晩期終末期〜弥生前期の境が前400年〜前330年の間に含まれる可能性が高まった。

　北陸地方や中部山岳地帯、東海地方についても、まだまだ測定例は少ないながらも、測定研究を進めており、東西を結ぶ編年対比を実年代でも検討し得る。北陸地方については、金沢市中屋サワ遺跡や小松市八日市地方遺跡（小林ほか 2009）の縄紋後期〜晩期の土器付着物の測定をおこなっており、縄紋後期末八日市場式〜弥生中期の年代について、検討している。今後、さらに議論を進めていきたい。

大洞B式　3,220年前頃〜　高瀬山遺跡　3080±40 $^{14}$C BP

大洞BC式　3,100年前頃〜　高瀬山遺跡　2940±40 $^{14}$C BP

大洞C1式　2,990年前頃〜　大橋遺跡　2865±40 $^{14}$C BP

大洞C2式　2,880年前頃〜　宮の前遺跡　2620±40 $^{14}$C BP

大洞A式　2,680年前頃〜　砂子田遺跡　2440±40 $^{14}$C BP

大洞A′式　2,460年前頃〜　北柳1遺跡　2410±40 $^{14}$C BP

砂沢式　2,400年前頃〜　生石2遺跡　2480±40 $^{14}$C BP

図39　東北地方亀ヶ岡式の実年代比定
（小林 2007b 改変）

## 第5節　東北・関東地方の縄紋時代晩期から弥生時代の実年代

　これまでの測定結果を統合し、相対的順序を守りつつ、較正曲線との関係を検討した。測定数の多い東北地方では縄紋後期末頃から大洞B式、大洞C1〜C2式などやや測定結果が土器型式の新旧と交錯する時期や、大洞A式から砂沢式期のいわゆる「2400年問題」の時期など、年代推定の絞り込みが難しい時期があるが、おおよそ土器型式編年と測定結果は整合的である（図40）。岩

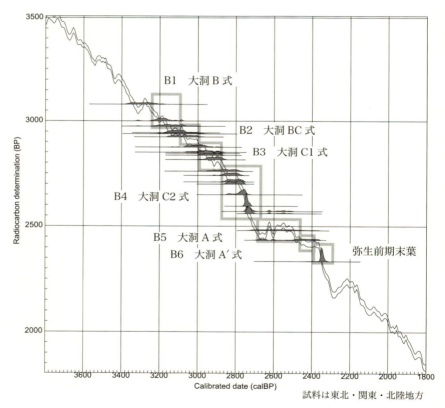

**図40**　縄紋晩期測定データと較正曲線 IntCal13

手県北上市大橋遺跡や金附遺跡での層位的出土状況ともおおむね一致する。土器型式の順番を優先し、大橋遺跡の盛土遺構の層位や、砂子田遺跡など出土土器から単純相と捉え得る短期的な遺跡の測定例を近い位置に置くなど、考古学的情報を基として時間差を任意に仮定したウイグルマッチング的な手法と、多数の測定例を集めて二つの土器型式間の年代差を統計的に区分する方法（2測点間、2グループの平均の中間値を境界と仮定する）により、東北地方の大洞諸型式の実年代を推定した（小林 2007b）[3]。

　さらに、今回集成したデータを用い、IntCal13 の較正曲線と OxCal v4.3.2 の解析を用いて、東北地方（図41）および関東地方（図42）の型式間の時間を見積もった。まだ完全に絞り込めたわけではないが、図41 下に示す土器型式の境を年代的に区切るならば、現時点では大洞Ｂ1式が前 1300〜前 1250 年頃に始まり、大洞Ｂ2式が前 1200〜前 1170 年頃以降、大洞 BC 式が前 1150 年頃以降、大洞Ｃ1式が 1040 年頃以降、大洞Ｃ2式が前 940〜前 930 年頃以降、大洞Ｃ2式新段階（北上市大橋遺跡 B10 区 8 層以上）が前 840 年頃以降、大洞Ａ1式は前 790〜前 730 年頃以降、大洞Ａ2式は 2400 年問題の中で絞り込みにくいが、大洞Ａ′式がおおよそ前 550〜前 500 年頃以降と考えられ、弥生前期砂沢式は前 450 年頃から前 350 年までの間と考えられる。

　Ｂ1期：大洞Ｂ式　3220-3100cal BP（1270-1150cal BC）頃。
　Ｂ2期：大洞 B-C 式　3100-2990cal BP（1150-1040cal BC）頃。
　Ｂ3期：大洞Ｃ1式　2990-2880cal BP（1040-930cal BC）頃。
　Ｂ4期：大洞Ｃ2式　2880-2680cal BP（930-730cal BC）頃。
　Ｂ5期：大洞Ａ式　2680-2460cal BP（730-510cal BC）頃。
　Ｂ6期：大洞Ａ′式　2460-2385cal BP（510-435cal BC）頃。
　弥生前期末：（砂沢式・青木畑式）2400-2305cal BP（450-355cal BC）頃。

　旧稿（小林 2007b）と、大洞Ｃ2式とＡ式の境の年代が異なるが、大洞Ｃ2式とＡ式との区分の問題、およびＣ2式の新期段階の測定事例に 2600$^{14}$C BP 年代の測定値を示す事例が増えたためで、今後とも検討を重ねたい。

　関東地方では、やはり測定数が少なく、較正曲線上の位置を関東地方の測定

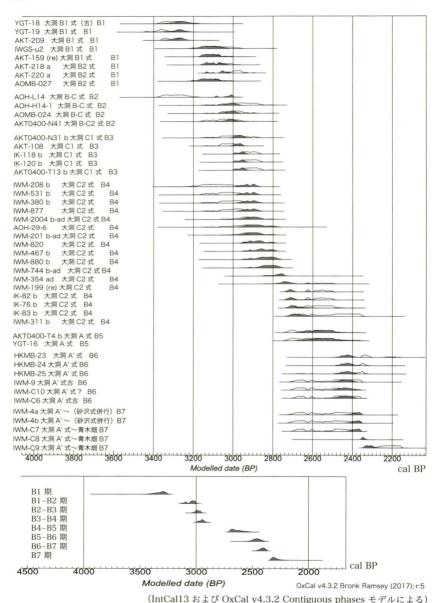

(IntCal13 および OxCal v4.3.2 Contiguous phases モデルによる)

図41 縄紋晩期東北地方時期別の較正年代推定値

第 9 講　縄紋時代晩期の実年代　143

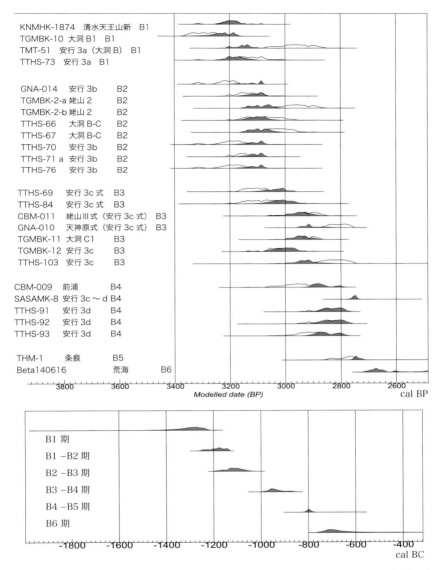

図 42　縄紋晩期関東地方時期別の較正年代推定値

例のみで絞り込んでいくことは難しい。OxCal v4.3.2 のプログラムを用いた時期間の推定（図42）でも、特に終末期については信頼度が得られず計算できなかった。今後測定例を増して検討する必要性が高いが、OxCal v4.3.2 での時期間の推定の最頻値（Median）を採用して各時期の年代を仮定すると、以下のように示し得る。

　B1期：安行3a式（大洞B式並行）。

　　　　3245–3130cal BP（1295–1180cal BC）頃。

　B2期：安行3b式（大洞B–C式並行）。

　　　　3130–3065cal BP（1180–1115cal BC）頃。

　B3期：安行3c式（大洞C1式並行）。

　　　　3065–2895cal BP（1115–945cal BC）頃。

　B4期：安行3d式（大洞C2式並行）。

　　　　2895–2750cal BP（945–800cal BC）頃。

　B5期：晩期終末（大洞A式並行）2750cal BP（800cal BC）以降。

　B6期：荒海式（大洞A′式並行）。荒海川表例や青田例から2360cal BP（410cal BC）頃までか。

　弥生前期：（中屋敷遺跡）前5世紀末葉〜前4世紀前半。

　弥生中期前半：（中里遺跡・志摩城遺跡ほか）前4〜3世紀。


　B2期の終わりやB4期の終わりにおいて東北地方と齟齬の大きい時期があるが、測定数の不足または偏りによるものである可能性がある。さらに測定例を蓄積した上で、今後の検討課題としたい。


**註**

（1）中屋敷II遺跡および戸平川遺跡の[14]C年代測定研究については、共同研究者との連名で日本文化財科学会にポスター発表をおこなった（小林ほか 2017）。その要旨では、「柱痕」としたが、「柱根」に訂正したい。また、中屋敷II遺跡の周辺出土土器片について大洞A′式の可能性を指摘したが、大洞A式新期に改めたい。

（2）ほかに栃木県小山市寺野東遺跡の水場遺構 SX-048（縄紋時代晩期中葉、大洞C2式、前浦式を伴う）の西側構成材 No.353（TCMBT-C101）についてもウイグルマッチングをおこなった例がある。樹皮は認められないが年輪数が64年輪確認

され、ウイグルマッチング用に残存部で最も外側の年輪から5年目以降、5年輪おきに1年輪分を採取した。得られた10点の $^{14}$C年代測定結果のウイグルマッチングによって、IntCal04を用いた較正年代は確率分布 $2\sigma$ の範囲で3124-3062cal BPという結果が得られ、No.353の木材の外側から5年輪目の年代（TCMBT-C111（W5））が3100cal BPの可能性が最も高く、次いで3075cal BP付近の可能性が高い結果を得た（工藤ほか 2009）。水場遺構に伴うとされる大洞C2式の年代としては古く、大洞B-C式の年代に相当する。共伴土器は明確に使用状態で出土したのではなく、水場遺構という性格上、共伴土器よりも古い段階に構築・使用されてきた木組遺構に後出の土器が伴った可能性が考えられる。

第 **10** 講

# 縄紋文化の始まりの年代

## 第1節　縄紋文化の始まり

　縄紋時代の始まり、すなわち縄紋文化の出現の様相については、以前は約1万年前に氷河期が終わり、大型獣が滅びて照葉樹・広葉樹が森林を形成する環境の変化に応じて、旧石器時代の遊動民が大型獣を追う狩猟中心の生活から、木の実など植物質食料を採取し土器で煮炊きする生業形態に転じたことで、一定地域に定着的な生活が始まったと理解してきた。しかし、近年の年代測定研究の進展により、土器の初現が16500～15500年前に遡り、氷河期の最中に起きたことが明らかとなった（谷口 1999）。現在、中国南部や沿海州・アムール川流域の初期土器群との関係が明らかではないが、少なくとも日本本州島東部において、世界でも最も古い土器の一つが発明されていた。このことから、日本列島においては、西アジアなどと異なり、農耕の起源と無関係に土器が生み出されたことが確実となり、従来の農耕・牧畜の発明を中心に置いた「新石器革命」については、地域ごとに異なった様相を検討すべきと示唆されている。日本列島での歴史のみならず、人類史的な発展段階についても、その環境への適応や技術的手段としての土器の発明が、重大事件であったことは間違いない。チャイルドがいうように、土器は人類が手にした初の化学変化の産物であり、かつ土器によってその後の様々な文化が生み出されていったことも明確である。土器の成立、そして日本列島の豊かな自然環境に適応した縄紋土器文化が、環境資源の浪費に悩む現代社会にとって、第一に参照するべき鏡であるとも指摘されている。

　それでは縄紋時代の始まりはいつか、という議論には、現在のところ様々な

意見があるが、最も一般的な意見は、土器の初現——すなわち現在のところは大平山元 I 遺跡とそれに並行する神子柴・長者久保の石器文化の段階——をもって「縄文時代」とする小林達雄（1996）の意見である。しかし、共伴する石器文化は明らかに晩期旧石器時代の産物であり、かつ出現期の土器は列島全体でも少数に過ぎず、同時期のほとんどの遺跡には土器は認められない。また、それらの土器には文様もなく、定型的な形も認めがたい。すなわち、旧石器時代の文化の中に、先行的に土器が出現したとみることも可能である。さらに土器の発生という点に限れば、焼成粘土塊や生焼け状の土製容器を含め、土器という器物自体はさらに遡る可能性が高く、縄紋時代の底（始まりの時期）をその観点からは決定できない。

一方、谷口康浩（2011）は、石皿・磨石という植物質食料加工技術が卓越し、土器の多量保有や明確な集落が現れて定住的な生活が明らかとなる縄紋早期撚糸紋土器段階からを縄紋時代とするべきと主張している。しかし、縄紋文化に連続する縄紋草創期段階の位置づけが不明確となってしまう。

筆者は、縄紋草創期すなわち縄紋文化の始まりの画期として、日常的に装備される通常の道具としての土器が列島全体に広まった隆線文土器の成立をもって考えるべきと論じた（小林 2012d）。その後の縄紋時代を特徴づけるほかの文化要素をあわせ以下の点を重視している[1]（図43）。

① 広域的な土器型式ネットワークの形成
② 住居状遺構の構築と岩陰・洞穴居住にみられる定住化の促進
③ 有茎尖頭器・石鏃・矢柄研磨器にみる弓矢の完成
④ 線刻礫（石偶）・土偶に代表される精神遺物の一般化

①については、15500〜14000年前に盛行する隆線文土器を、ほぼすべての集団が保有し、かつ地域ごとに文様スタイルを共有しつつ広域に共有情報をもつという、その後の縄紋土器型式のネットワークを完成させていることが注目される。②については、シェルター的な居住施設は後期旧石器時代に認められるが、竪穴化または柱穴や炉の存在が一般化することで定型化していき、草創期後半のヤンガードリアス期に対比される寒冷期の竪穴住居につながる系譜をもつ隆線文段階の居住施設が重要である。③については、石鏃の一般化として弓矢が確実に装備されるのは草創期後半であるが、上黒岩9層など隆線文段階

第 10 講　縄紋文化の始まりの年代　149

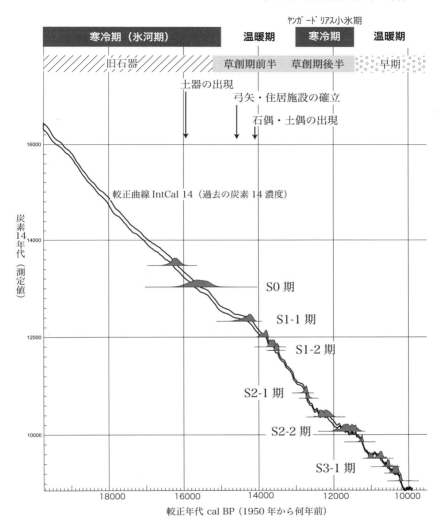

**図 43**　縄紋草創期～早期前半の較正年代による環境変動と文化変化

に有茎尖頭器とともに石鏃が用いられていることは明確となった[2]。④の精神文化としても、旧石器時代のヴィーナスとの関係はまだ不確定だが、上黒岩9層の石偶は縄紋草創期後半の粥見井尻遺跡や相谷熊原遺跡の土偶につながっていくものと考えられる。

　以上のように、隆線文段階にその後の1万3千年以上続く縄紋文化の基盤が成立していると考えれば、縄紋時代の始まりをそこに求めることも可能である。いうまでもなく、さらに様々な文化要素の出現状況や環境変化との関係を追い求め、土器の発生、土器の一般化のどの段階に縄紋時代の始まりという時代画期を求めるのか、議論を深めていく必要がある（小林・工藤編 2011）。

## 第2節　縄紋時代草創期隆線文土器の年代

　上述してきたように、土器が普及し文様が付されるようになった隆線文土器の年代はきわめて重要である。

　東京都武蔵野市御殿山遺跡出土の、太い1条の隆帯文土器と共伴した無紋の土器付着物および共伴炭化材が測定され（図11上：小林ほか 2004i）、大平山元Ⅰ遺跡例に近い年代を得た。土器付着物の場合は海洋リザーバー効果の影響を受けている可能性がある一方、炭化材では針葉樹であることから、採取した部分によって伐採年より樹齢分は古い可能性がある。土器付着物の TTKG–B は $\delta^{13}C$ 値が −22‰ と海洋リザーバー効果を受けている可能性があり、炭化材である TTKG–C1 を重視すれば、較正年代で 15600-16000cal BC の中の一時点となり、考古学的に大平山元Ⅰより新しい様相であることから、100年程度の樹齢の材であったことも考え、年代幅の新しい方である 15600〜15500年前頃と捉えておきたい。

　隆線文段階中頃では、神奈川県大和市上野第2遺跡土器付着物（図11中：小林ほか 2005f）、愛媛県久万高原町上黒岩遺跡炭化材（以前に報告された炭化物と同一のものを含む（小林・遠部 2009））、神奈川県川崎市万福寺遺跡（図11下：小林ほか 2005c）などで、12530-12330$^{14}$C BP が測定されている。12000$^{14}$C BP 年代の較正曲線は、やや平坦であり、細かい議論は難しいが、辻らが測定した新潟県久保寺南遺跡などでも 12000$^{14}$C BP 年代が複数測定され

ている（今村編 2004）。鹿児島県中種子島町三角山Ⅰ・西之表市鬼ヶ野遺跡のやや扁平化した新要素と思われる隆線文は、12180-11880$^{14}$C BP である。三角山Ⅰ遺跡（図12上：小林ほか 2006d）の縄紋草創期土器付着物である KAMB41 は、紀元前 12140〜11830 年に含まれる可能性が 95％ である。特に鬼ヶ野遺跡は、$\delta^{13}$C 値がやや重く海洋リザーバー効果の影響で数百年程度古くなっている可能性がある土器付着物で、12180・11880$^{14}$C BP であり、隆線文土器の新しい段階は 11800$^{14}$C BP 以降で、13600cal BP（11650cal BC）頃以前であろう（図12中下：小林ほか 2004d）。

　S1-2 期は、微隆起線文（星光山荘）・隆帯文（宮西・葛原沢Ⅳ・奥ノ仁田）および円孔文（壬）・無紋（仲町）・爪形紋土器がみられる時期、12000-11500$^{14}$C BP、較正年代で 14000-13200cal BP と推定する。

　隆線文土器群が一定期間系譜をもって安定して広域に展開していたことは、縄紋初期の文化様相として重要である。12400 年より前は、実年としての確実さに欠けるが、較正曲線によって推定するならば、隆線文土器文化が 2000〜1500 年間列島に展開していた可能性がある。

　このうち、上黒岩遺跡の事例については、調査当時にアメリカの Isotopes, Inc. に依頼して $^{14}$C 年代測定をおこなっており、9層隆線文段階の木炭（I-944）は 12165±600$^{14}$C BP、6層無紋土器出土層の木炭（I-943）は 10085±320$^{14}$C BP との結果が報告されている（渡辺 1966、なお渡辺報告には 1961 年採取とあるが、1961 年は 1 次調査であり 9 層は調査されておらず、江坂報告（江坂ほか 1967）や残されていた炭化物試料からみて 1962 年の誤記と思われる）。筆者が新たに測定した上黒岩遺跡出土炭化材 2 点のうち、EMKM-C 2 が「1962 年 10 月 17 日 C 区拡張区 IX-VI 層出土炭」というラベルとともに残されていたもので、調査時に測定された I-944 と同一の木炭片の可能性が高いものである。結果的には、過去の測定誤差が大きいため、ほぼ同一の測定値とみることができる。過去の学史的な測定データが AMS 法による最新の測定方法でもおおよそ同じような年代が得られたことは、学史的にも、また過去の測定データについて誤差が大きいという問題点はあるにせよ、一定の信頼性をもっていることを示した点で重要な成果となった。

　隆線文土器については文様・器形の変化から数段階に区分されるようになっ

てきた。筆者も南西関東地方、特に神奈川県東部にあたる境川流域の隆線文期遺跡集中地域の土器について、Ⅰa古、Ⅰa新、Ⅰb、Ⅱa古、Ⅱa新、Ⅱb、Ⅲ古、Ⅲ新の区分を提示した（小林 1999b）。それら細別時期ごとの年代が推定できれば、さらに縄紋時代の始まりの頃の文化動態を細かく復元することも可能となる。さらに縄紋草創期後半の微隆起線文、隆帯文、爪形紋、押圧縄紋、多縄紋系については、おおよその順番はわかっているもの、並行して存在する段階（特に爪形紋土器の位置づけ）について型式学的な見解が研究者によって分かれている。年代的にも、測定数自体が少ないことに加え、木材試料などが得られていないことからウイグルマッチングもおこなわれていない（この点は早期まで含めて同様である）。その上に、当該時期の較正曲線は水月湖などの湖底堆積物の年縞試料によっており、11500 年前頃より新しい段階の樹木年輪試料による構成データに比べると細かな変動のデータが復元できず、ウイグルマッチングも難しいことが予想される。さらに、15000 年前〜14000 年前頃は大気中の $^{14}C$ 生成量が長期にわたり変動しており、結果的にこの間の $^{14}C$ 年代は 12500-12000$^{14}C$ BP の測定値を示すことが多く、細かな年代差を検討するには困難である。そういったこともあって、まだ年代的検討は詳細に決定できていない部分が多く残る。そうした中で、日本列島における土器の出現が 16000 年前近く、隆線文土器の普及が 15000 年前頃から 13500 年前の間、縄紋草創期後半に多縄紋土器群の中から撚糸紋系土器の井草式や表裏縄紋土器が生まれていくのが、氷河期が完全に終わり縄紋海進期に至る温暖化を迎えた 11500 年前頃であるという点は明確になった。

## 註

（1）小林謙一 2010『縄紋文化のはじまり　上黒岩岩陰遺跡』新泉社や小林謙一・工藤雄一郎編 2011『縄文はいつから！？』新泉社などで論じてきた。

（2）石器では、石鏃以外に有茎（舌）尖頭器と呼ばれる小型の槍先形石器のうちの花見山型などの小型品が鏃に用いられた可能性がある。ほかに、九州地方を中心に縄紋草創期に急増する磨石・台石など植物質食料加工具の増加に注目する見解もある。また、日本では後期旧石器時代の古い段階から大型獣の解体に用いられたとの説もある磨製石斧が存在するが、草創期には木の伐採に用いられたことが確実な丸ノミ状の刃をもった局部磨製石斧が出現することも特徴的である。旧石器から続く細石刃の九州地方での残存など、検討するべき問題も多い。

第 **11** 講

## 縄紋土器と住居の時間幅

### 第1節　東日本縄紋時代中期の土器型式変化の時間幅

　実年代比定としては、筆者が土器型式を判定できる土器の土器付着物・漆、竪穴住居・貯蔵穴・貝層などで共伴している炭化材などの AMS 年代測定とその較正年代、および土器細別型式ごとの測定値と較正年代、細別時期ごとの測定値を順番に較正曲線上に配置することで検討した準ウイグルマッチング的検討（図 29 参照）などにより、新地平編年での細別時期ごとの実年代を推定してきた（小林 2004a）。その後も、測定値を増やしつつ、前節であげたようにさらに火災住居などの構築材での複数年輪のウイグルマッチングを増やして、一層の確実さを追究してきた。

　現時点での関東・中部地方の縄紋中期の実年代推定を表3に示す。表3には、他研究者による編年案の対比として『総覧縄文土器』より、山本典幸による五領ヶ台式（山本典 2008）、今福利恵による勝坂式（今福 2004・2008）、櫛原功一による曽利式土器編年との対応（櫛原 2008・2014、小林 2013a）を筆者の判断で付してある。

　旧稿（2004a）での中期土器新地平編年細別時期別の時間幅の比定と比べ、やや変化のあるところがあるが、大勢としては縄紋中期初頭から前葉（C1〜7期）にかけては土器型式の変化が1細別時期に推定すると 10〜30 年と早く、勝坂式最盛期（C8〜9期）および加曽利 E 式最盛期（C11〜12 期）については1細別時期が 50〜100 年と長い時期を含んでいる。同時に、勝坂式から加曽利 E 式への型式変化の時期（C9c〜10c 期）や在地の伝統土器群と異なる異質な土器系である連弧文土器の変転期（C11c〜12a 期）は 20〜30 年程度と比

## 表3　関東・中部・東北地方の縄紋中期細別時期別暦年代推定

| 型式 | | cal BC | cal BP | 期間 | 関東地方 | 中部地方 | 対比 | 東北地方 |
|---|---|---|---|---|---|---|---|---|
| 十三菩提 | | 3580-3465 | 5530-5415 | 115 | 下の根 | 寺前 | | |
| 五領ヶ台1 | 1 | 3465-3410 | 5415-5360 | 55 | 三廻部東耕地 | | 山本五領ヶ台 I・II | 大木7a・滝ノ沢 |
| 五領ヶ台2 | 2 | 3410-3360 | 5360-5310 | 50 | 元町貝塚 | | 山本五領ヶ台 III | 円筒上層a |
| | 3 | | | | 多摩NT520 | 桑森・長峰 | 山本五領ヶ台 IV | |
| | 4 | | | | | 宮尾根 | 山本五領ヶ台 V | |
| 勝坂1 | 5a | 3360-3280 | 5310-5270 | 40 | | | 今福狢沢1 | 大木7b |
| | 5b | | | | | 宮尾根 | 今福狢沢2 | |
| | 5c | | | | 多摩NT520 | | 今福狢沢3 | |
| | 6a | | 5270-5230 | 40 | | | 今福新道1 | |
| | 6b | | | | 多摩NT520 | 桂野 | 今福新道2 | |
| 勝坂2 | 7a | 3280-3250 | 5230-5200 | 30 | 下野谷遺跡 | 高畑 | 今福藤内1 | |
| | 7b | | | | | | 今福藤内2 | |
| | 8a | 3250-3150 | 5200-5100 | 100 | 向郷20次1土坑 | 藤内　堀口47住ｳｲｸﾞﾙ | 今福藤内3 | |
| | 8b | | | | 川尻遺跡群 | | 今福藤内4 | |
| 勝坂3 | 9a | 3150-3080 | 5100-5030 | 70 | SFC1区集落 | | 今福井戸尻1 | 大木8a |
| | 9b | 3080-3000 | 5030-4950 | 80 | SFC2区集落古 | 諏訪原 | 今福井戸尻2 | |
| | 9c | | | | SFC2区集落新 | 目切 | 今福井戸尻3 | |
| 加曽利E1 | 10a | 3000-2980 | 4950-4930 | 20 | 多摩NT520・仲内2 | 天神堂・山崎第4-9住 | 櫛原曽利Ia | 大木8a |
| | 10b | 2980-2940 | 4930-4890 | 40 | 三矢田10住・弁財天池4住 | 向原32住 | 櫛原曽利Ib | |
| | 10c | 2940-2910 | 4890-4860 | 30 | 仲内 | | 櫛原曽利IIa | |
| 加曽利E2 | 11a | 2910-2820 | 4860-4770 | 90 | 川尻遺跡群 | 長峯118住ｳｲｸﾞﾙ | 櫛原曽利IIb | 大木8b |
| | 11b | | | | 油壺 | | 櫛原曽利IIIa | |
| | 11c1 | 2820-2780 | 4770-4730 | 40 | 多摩NT520 | 石之坪西134住 | 櫛原曽利IIIb | |
| | 11c2 | | | | SFC1区SJ6住 | | 櫛原曽利IIIb | |
| 加曽利E3 | 12a | 2780-2750 | 4730-4700 | 30 | 大橋ﾌｪｲｽ1-2 | | 櫛原曽利IVa | |
| | 12b | 2750-2650 | 4700-4600 | 100 | 大橋ﾌｪｲｽ3-6 | 次郎構MP1・梅之木18住 | 櫛原曽利IVb | 大木9・井出上ノ原 |
| | 12c | 2650-2590 | 4600-4540 | 60 | 大橋ﾌｪｲｽ7-8 | | 櫛原曽利Va | |
| 加曽利E4 | 13a | 2590-2540 | 4540-4490 | 50 | 大橋ﾌｪｲｽ9 | 山崎第4-13住 | 櫛原曽利Vb | 大10a・馬場前 |
| | 13b | | | | 大橋ﾌｪｲｽ10・井の頭池A | | 櫛原曽利Vc | |
| 称名寺1 | 14 | 2540-2445 | 4490-4395 | 95 | 緑川東・稲ケ原A区B4住 | | | 大木10c |

第 11 講　縄紋土器と住居の時間幅　155

較的短いスパンで変化していると捉えられる。総じて、集落が比較的に継続的で規模や集落数が増す縄紋中期中葉や後葉には社会的に安定しているという見方もでき、土器型式の変化が緩やかと考えることができる。逆にいえば、勝坂2〜3式土器か加曽利E式土器の時期は、考古学研究者が時間的変化の要素の区分に困難を覚えるような様相を呈する。ただし勝坂期はバリエーションが増えて時期区分しにくいのに対し、加曽利E3式は装飾が単純化して時期区分しにくいという違いがある。縄紋前期末葉から中期前葉は、集落数から人口が少ないと考えられる時期（小林 2004aなど）で、かつ五領ヶ台2式後半〜勝坂2式前半（C3期〜7期）は徐々に集落数や住居数が増していく段階である。この時期は、集落の継続性も乏しい場合も認められ、土器の変化が激しいと捉えられる。逆にいえば、土器の型式変化や廃棄が長期にわたらず重複遺構などでの時期的な層位区分がしやすいために型式編年がしやすく単期的な時間幅での編年ができると捉えることもできる。注意する必要があるのは、結果的に縄紋中期中葉や後葉は土器が多く土器付着物も多く得ることができ、住居が多いために共伴炭化材も多く得られるので測定数が増す、ということである。測定数が多い時期の方が、前後の少ない時期よりも年代が幅広く推定されている可能性はある。全体の測定数を増していって検討を重ねていきたい。

　また、土器型式がもつ時間的性格についても様々に検討する必要がある。旧稿（2004a）で示した東京都立川市向郷遺跡20次1号土壙のように細別時期が異なる土器が墓壙と考えられる土壙において共伴し、土器付着物や土壙内の炭化物の $^{14}$C 年代の測定結果から同一の年代でも矛盾はないことを示した例や、長野県聖石遺跡（小林ほか 2005g）SB3号住のように同一住居床面に曽利I式〜IV式までの4細別型式にまたがる土器が埋設され、その土器付着物からはそれぞれの土器型式時期に比定される年代値が測定された例などが認められる。前者の例は、土器の製作時期と使用時期が排他的な関係ではなく古い型式が次時期の新しい型式と同時期に製作されているか、または使用され墓壙への副葬品として同時期に埋納されるケースを示し、後者の例は、土器自体の使用は時期差があっても、竪穴住居への埋甕や炉側埋設土器（灰の保存やオキビに利用された可能性がある小型の埋設土器）といった遺構付属施設に廃棄場から拾ってきて転用するケースと捉えられる。それぞれ土器型式の製作時・使用

時・廃棄時の時間的なレベルは異なるが、型式変化が排他的ではない（Ａ１型式からＡ２型式への変化において実際の出土状況では古い型式と新しい型式が同時存在する時間幅が存在する）ことを示している。五十嵐彰（2011）の考古時間論も参考となる（小林・セツルメント研究会編 2008 掲載論文など）。

　本書では、土器型式時期の変化の時間を捉える際に、5年幅（5年はあくまで計算上の近似値であり、較正年代の暦年は実質的には10年幅である）でＡ型式とＢ型式の年代的境を主としてベイズ統計でのピークをとって振り分けることで重複する幅をもたずに区分しているが、重複幅が10年以上の幅で見込まれるのであれば、年代が部分的に重複するような理解をするべきであろう。

　編年を組みたてる上では、一括出土資料として同一遺構からまとまって出土する遺物群を同一時期の所産と捉えるが、その中でどの程度の時間幅をもつ資料が含まれるかは検討が必要である。竪穴住居覆土中一括出土など廃棄のまとまりの中での重複は新旧が多く混ざるものの、住居埋設土器の重複については、上記のような型式的に異なる時間をもつと評価される土器が、同時存在または新旧が逆転して出土する事例は多くはないと捉えている。現時点では実数として示せないが、筆者が集成した南西関東地方（東京都・神奈川県東部）の100遺跡以上の集落における縄紋中期竪穴住居約476例（小林 2003b）の中で、複数の埋設土器やその作り替えなどにおいて型式順と層位的順番が矛盾する例は多くとも十数例と見込まれ、それは3%程度の比率であり、決して一般的なあり方ではない。

　新旧が逆転する例でも、東京都町田市三矢田遺跡10号住の炉体土器の作り直しの事例（小林 1997）では、新地平編年10b期の炉体土器を壊して10a期の土器が埋設されており型式的な新旧は逆転するが、土器の作り方や地紋の縄紋をみると比較的類似した様相をもつ2個体であり、新旧の中でも近い時間的位置にあると考えられる。あくまで想像の域を出ないが、考古学研究者が要素の新旧によって型式的に区分する細別時期の端境期においては、同一製作者が古い要素をもつ土器を同時につくっても不思議ではないし、同一集落内に古い要素を多くもつ土器をつくる製作者と新しい要素をいち早く取り入れる土器製作者が同時期に土器を生産しても不思議ではない。まして、たとえば貯蔵具な

ど比較的寿命が長いと考えられる土器に古い時期の製作物が遺存し、墓壙など
への副葬に新旧の土器があわせて埋納されてもおかしくはない。

　すなわち、土器細別型式の新旧が結果的に重複するとしても10年程度の時
間幅であって、現時点における較正年代での解像度からいえば、ほぼ排他的に
変化していくモデルを採用しておいても矛盾は生じないと考えておきたい。と
はいえ、我々が認識できる時間幅では捉えられない（無視しても当面差し障り
はない）というだけで、縄紋人の生活における実態としては、数年〜10年・
20年程度にわたる新旧の土器型式の重複した時間幅においての製作や使用が
存在した可能性は高い。

　ただし、先の計算では厳密にいうと母数とする竪穴住居すべてに埋設土器が
複数あるのではなく、重複関係をもつわけでもないが、すべて炉を有しており
時期を判断できる土器を出土している。どの程度古い土器が、覆土中一括廃棄
などの時間幅をもつ場合を除く、住居床面出土など一括性の高い出土状況の中
で新旧を混在するかは、今後改めて検討する必要がある。同様に、$^{14}$C年代だ
けではなく、年輪年代および酸素同位体比など、より分解能の高い年代比定で
時期差を計っていくことも必要である。

　使用・廃棄に関わる時間差の問題だけでなく、製作時における時間差がどの
程度なのかも検討していくべき段階に入っている。今現在の編年研究では、基
本的に土器型式の変化は少なくとも一地域の中では共時的と仮定する。また、
地域間の影響関係についても同時的な変化を前提としているが、時期設定が細
かくなれば、地域間、遺跡間の時間傾斜が存在するはずである。

　たとえば、縄紋中期後葉のある時期に関東地方に急激に広がる連弧文系土器
は、西関東と東関東では大きく温度差があることが知られている。西関東で連
弧文土器が最盛期となるC11c期に東関東では連弧文土器は多いとはいえない
のに対し、西関東で加曽利E式土器に吸収されていくC12a期以降、東関東で
は加納実（1994）のいう横位連携弧線文土器として急激に拡散する現象がみら
れる。また、加曽利E式土器の成立についても、北関東・東関東・南西関東
など地域ごとの様相の違い、さらに多摩丘陵西部・武蔵野地域・鶴見川流域・
荒川流域・下総台地など小地域ごとの土器様相の差異や勝坂系土器・阿玉台系
土器の残存や大木系（塚本 2006）、中峠諸類型（下総考古学研究会 1998）の

土器群などの共存関係における土器組成の異なり、特に横S字状文に収れんする武蔵野台地型加曽利E式土器の成立に、小地域間での時間傾斜が認められるようになってきた（「シンポジウム縄文研究の地平2016」における9c/10a期の区分の問題（小林 2016bなど））。地域ごとの型式組列による細別時期ごとの $^{14}$C年代などによる年代推定を進め、細かな時間差を可視化していくことを目指さなくてはならない。

　旧稿（2004a）において検討し、本講において改めて議論した、関東・中部地方の縄紋中期について取り上げた土器型式の時間幅の違いは、当然ながら時期によって異なるし、地域によっても異なる可能性がある。そういった点でも、時期・地域ごとに年代的組列をなるべく細かく検討していく必要がある。

　実年代と土器型式編年との関係について、他の研究者からコメントが述べられている。矢野健一は『縄文時代の考古学2巻　歴史のものさし』の「縄文時代の編年」（2008）の中で「①細別と暦年代」として、新地平編年につき「この細別は集落の様相変化を把握する必要から生じたもの」として触れつつ、筆者による「放射性炭素年代との比較」を取り上げ「20～80年間で、20～30年間の時間幅の時期が最も多い。畿内の須恵器編年と同じ程度の幅である」（矢野 2008）と述べている。同書で小杉康は、筆者らによる土器型式の年代対比について「AMS–暦年較正による数値を土器型式編年に組み込むためには、土器型式（「様式」または「時期」）そのものについての議論が不可欠である」（小杉 2008）と、留意すべき点を指摘する。千葉豊が『史学雑誌』における2004年度の「回顧と展望」で筆者の年代研究へ向けた批評（千葉 2005）と通じるところがある。そうした注意は、土器型式編年に対する筆者らによる実年代比定の試みにおいても、留意しているところであり、$^{14}$C年代測定による実年代比定の試みを始める前から、「土器型式を介在させて、絶対年代と対比させていく以外にない」（小林 1999a）と、小杉の意見と根本としては同様の趣旨を筆者も指摘している。「絶対年代と相対年代の異なる時間的性格が存在し、土器型式による時間・集落や遺構の相対時間・絶対年代（時間）の3者の時間それぞれが、考古学事象の解釈に必要とされる」（小林 1999a）と、自然科学的尺度の実時間と考古学的方法論に基づく型式学的・層位学的相対年代のそれぞれが重要との考えを継続するものである。

第11講　縄紋土器と住居の時間幅　*159*

## 第2節　縄紋竪穴住居の埋没を中心とした居住システムの年代的検討

　筆者は、これまで竪穴住居出土の複数試料（火災住居の構築材など同一層位出土例や、覆土―床面―炉内などの各層位ごとの出土試料）の測定、また重複住居や住居内貝層の堆積層序ごとの、相対的な順序をもった一連の試料の測定を重ねてきた。その成果については、旧稿（小林 2007c・2008c・2012bc など）において論じてきた。

　竪穴住居に関する細かな年代測定結果を重ねていくことについては、下記のような集落研究への見通しをもっている（小林 2008c）。

　1）竪穴住居のライフサイクル、測定対象とした土器や構築材自体のライフサイクルを復元していく材料を得ていくことができる。測定対象試料の測定結果の歴史的な位置づけの確かさを担保していくためにも、詳細な出土状況の収集が不可欠である。

　2）竪穴住居の寿命についての検討は、年代測定を通しておこなう必要がある。民族誌的類推などのみで数年から数十年の幅をもって考えているだけでは、集落研究は進まない。

　3）住居の埋没過程、たとえば長期にわたって窪地になっている住居跡地、廃棄場にされている住居跡地、逆に短期間に埋没した、または埋め戻されている住居跡地を、居住セツルメントの時間的動態の中に正しく整理していくことは、縄紋集落の景観復元につながる。

　4）住居改築・集落の断絶や継続性について、複数の関連する遺構群に対する、集中的でシステマチックな測定研究が必要である。

　ここでは、3）に関する分析例として、福島県井出上ノ原遺跡 47 号住居の出土炭化物の年代測定研究と、水子貝塚 15～17 号住居内貝層出土種実の年代測定研究を紹介したい。

### 1. 井出上ノ原遺跡の分析

　福島県楢葉町の縄紋時代中期後半の井出上ノ原遺跡に対し、2006・2007 年度に、複式炉住居の性格の解明、$^{14}$C 年代測定の適用による住居ライフサイク

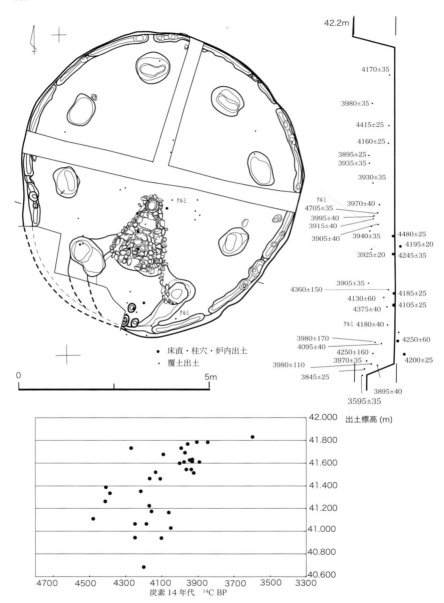

図 44　井出上ノ原遺跡 45 住の年代測定試料出土位置（小林謙・小林尚編 2013）

ル時間の解明を目的に、学術発掘調査をおこなった（小林謙・小林尚 2013）[1]
（図 44）。

　井出上ノ原遺跡 45 住（試掘 3 住を改称）出土の土器を時期別の 1〜4 群に分類し、それぞれの出土位置を南北の土層断面図に反映させ検討した結果、1 群の縄紋中期の土器が住居址覆土の上層—褐色土から中層—黒褐色土を主体として全体的に分布するのに対し、2 群の縄紋後期の土器は上層にその出土が集中しており対照的である。縄紋時代以降の遺物である 3 群（弥生時代）・4 群（古墳時代以降）もまた 2 群土器とほぼ同様の分布を示すことから、45 住覆土における上層と中層の質的な差異を示しているといえる。

　井出上ノ原遺跡 45 号住居は、炉直上には縄紋中期末葉大木 10 式古段階の磨消縄紋の土器が出土し、住居放棄後中層の黒色土に大木 10 式が多量に廃棄され、その上層に縄紋後期前葉綱取Ⅰ・Ⅱ式が甕棺墓や焼土跡を残しつつ遺物廃棄された状態で包含層が形成されている。さらに弥生時代・古墳時代の遺物がわずかながら最上層で出土し、長期にわたり微窪地を形成して、最終的には古墳時代に至って完全に埋没したと考える。

　住居のライフサイクルに関わる時間を測定する目的で、住居出土試料の $^{14}$C 年代測定をおこなった。住居床下・床面から覆土中の試料（1 点は覆土上層に構築された縄紋後期土器を埋納する土壙 SX1 出土炭化物）として炭化材、炭化種実 38 試料を測定した（小林謙・小林尚編 2013）。

　測定結果は図 44 に $^{14}$C 年代値で示すが、井出上ノ原遺跡複式炉住居（45 住）の埋没が非常に長期にわたっている可能性を示している。図 44 下図は、測定した試料の出土標高を縦軸に、$^{14}$C 年代測定値を横軸に示す出土位置のレベル（標高）と測定値の相関グラフである。住居構築時に関わると考えられる柱穴内出土の炭化材（柱設置時に埋め立てた炭か）は最も古い 4245±35$^{14}$CBP、4250±70$^{14}$C BP、住居使用中に関わると考えられる炉内出土炭化材（燃料材か）は 4170±35$^{14}$C BP、住居廃絶後の覆土中層中の炭化材は 3980−3930±35$^{14}$C BP、住居最上層の埋没後窪地再利用に関わる炭化材は 3595±35$^{14}$C BP であった。床面下は柱穴内や炉内の試料であるが、特に柱穴内には明らかに古い年代を示す試料が標高に相関せずに含まれており、住居構築時に混在したと考えられる。床面から覆土にかけては標高が高くなるほど測定値が

162

新しくなり、埋没順と年代が整合的な関係と捉えることができる。住居下層までは 4200-4100$^{14}$C BP 位なのに対し、中層の黒色土は 4000$^{14}$C BP、上層の縄紋後期の面は 3900-3800$^{14}$C BP の年代であり、この住居がおおよそ埋没するまで 300 年程度はかかり、その間、様々に利用されていたこと、最終的には 2000 年以上かけて微窪地が埋没したことが想定できる。

## 2. 水子貝塚の分析

　埼玉県富士見市水子貝塚の測定例は、縄紋前期の住居内貝層の測定例で、包含状態としてはプライマリーと考えられ、かつ堆積の時間経過が復元できた「幸運な」事例である（早坂ほか 1995、小林ほか 2005e、小林 2007a・2016a）。15 号住居跡（新井（1982）による黒浜式 III 段階）の住居内貝層の下層から上層までの出土種実 9 点、16 号住居跡（新井和之による黒浜式 II 段階新、早坂廣人による II 段階古）の炉内出土種実・貝層下出土種実、住居内貝層の下層から上層までの出土種実計 19 点（2008 年度 12 点、2016 年度に 7 点を追加した）について、測定している[2]。さらに、16 号住居跡に重複される（壁の共有構造から規模を縮小して改築と想定）17 号住居跡覆土の種実 2 点も測定し計 30 点の測定をおこなった。ほとんどがオニグルミである。

　16 住内貝層は、調査者（早坂ほか 1995）により層位的に 38 段階の堆積順序に整理されている。貝層の主体を占める貝種によって、カキ→（オオタニシ）→シジミ→ハマグリ（シジミ・ハマグリは被熱）というサイクルで、10 サイクル（報告では 10 群）認められる。堆積順序の 1〜3 段階が I 群、4〜8 段階が II 群（試料 SAH-S15、23）、9〜13 段階が III 群（SAH-S16、17）、14〜19 段階が IV 群（SAH-S18、19）、20〜25 段階が V 群（SAH-S25）、26〜29 段階が VI 群（SAH-S20、21）、30〜31 段階が VII 群（SAH-S22、24）、32〜34 段階が VIII 群、35〜36 段階が IX 群、37〜38 段階が X 群で、各群は冬期カキ層から春〜夏期ハマグリの堆積とすれば、最低 1 年間になり、住居内貝層の上層（I 群）と下層（X 群）とで、10 年以上の期間が数えられる。さらに、16 住貝層下の SAH-S14 はより古く、16 住に切られる 17 住覆土中出土の SAH-S12 は、16 住構築時に 17 住を同質の覆土で埋め立てていることから 16 住構築時の所産、17 住使用時の所産である 17 住炉内出土の SAH-S13 は、さ

らに古い。一方、15 住は、土器型式的に 16・17 住よりも新しい。以上、古い
ところから新しい順に 17 住→16 住構築時→16 住覆土堆積 X 群→……（各群の
順）……→ I 群→15 住の相対的順序が整理できる。

　各層出土の試料の測定値をみると、15 住出土試料は、ほとんど同一の測定
値であるのに対し、16 住出土試料はばらつきがある。ただしばらついてはい
ても、上述した層位の群ごとに測定値がまとまる。たとえば II 群 SAH–S15 と
S23、III 群 SAH–S16 と S17、VI 群 SAH–S20、S21、S24 は、それぞれの群の
中で $1\sigma$ の測定誤差範囲内で重なる。IV 群 SAH–S18、19 はやや差があるが、
誤差範囲 $2\sigma$ とすれば重なり、16 住堆積でも近い時期（同一年の所産である可
能性を含めて）が想定される層の年代値はほぼ一致している。一方、堆積群の
間をみると、堆積 III 群 SAH–S17 と IV 群 SAH–S18、V 群 SAH–S25 と VI 群
SAH–S20 の間など $100^{14}C$ 年以上の差異があり、前後の層群の間で 10 年以上
の断絶が考えられる。

　住居のライフサイクルから考えれば、17 住の生活時（炉内出土の S13）
→17 住の埋没または埋め戻し（17 住堆積土中の S12）→16 住の建設・居住
→16 住の貝層形成（10 群に及ぶサイクルに伴う種実の試料）というサイクル
が確認でき、比較的長期にわたると予想できる。調査所見にも、「22 段階の中
間土層はしっかりしたものであり、時間的な断絶を示す可能性がある」（早坂
1995：106 頁）とあり、16 住内貝層の堆積の途中において時間的断絶があり、
比較的長期にわたった可能性がある。なお、以上の所見は調査者による出土土
器の変遷観の、黒浜 II 古（17 住：S12・S13→16 住：S14〜S25）→黒浜 II 新
（15 住貝層下土層：S 2）→黒浜 III（15J 貝層：S 2〜11）→黒浜 III 新または
IV 古（15 住貝上下面）→諸磯 a 式古（15・16 住貝上）の序列（早坂ほか
1995）と合致している。表 4 には、早坂ほか 1995 の段階区分を表記する。

　次に層位的な相対順序を用いた準ウイグルマッチングとして、各試料の測定
値と較正曲線の波行とを比較する。その際、これ以上新しくならない時点とし
て諸磯 a 式中段階頃の長野県箕輪町荒城遺跡 4 号火災住居の床面出土土器内出
土炭化物および住居構築材と考えられる炭化材の測定値（NWA–C 1・C 2）を
較正曲線上に置く（図 45 グラフの右側）。逆に、これよりも古くはならない上
限の基準として、型式学的に明らかに古い千葉県大坪貝塚出土土器付着物（黒

## 表4 水子貝塚 堆積順序と測定値

| 番号 | 出土位置・番号 | 内容 | 段階 | 群 | 種類 | 機関№ | 補正$^{14}$C年代 | |
|---|---|---|---|---|---|---|---|---|
| S13 | 17住 炉跡6 | 炉 | 居住中? | | オニグルミ? | PLD-5195 | 5360 ±25 | |
| S12 | 17住 13B貝横層 №1362 | 土 | － | | オニグルミ | PLD-5194 | 5350 ±25 | |
| S14 | 16住 24C区 16層 | 土 | 2以前 | I | オニグルミ | PLD-5196 | 5315 ±25 | |
| S15 | 16住 25C区 10層 №1787 | カキ | 4段階 | II | オニグルミ | MTC-05224 | 5285 ±40 | |
| S31 | 16住 4BSB区 7層 | シジミ | 6段階 | II | クルミ? | YU-1789 | 5341±29 | |
| S32 | 16住 25D区 15層 | 混土 | 8段階 | II | クルミ? | YU-1790 | 5400±29 | |
| S23 | 16住 25D区 15層 | 混土 | 8段階 | II | 種実? | PLD-5199 | 5260 ±25 | 断絶 |
| S16 | 16住 25C区 4層 | カキ | 9段階 | III | 不明堅果 | PLD-4143 | 5375 ±30 | |
| S33 | 16住 3D区 23層 (6/27) | カキ | 9段階 | III | シイ | YU-1791 | 5325±29 | |
| S34 | 16住 25D区 5層 | シジミ | 11段階 | III | シイ? | YU-1792 | 5448±29 | |
| S17 | 16住 25D区 5層 | シジミ | 11段階 | III | オニグルミ | PLD-4144 | 5420 ±30 | |
| S18 | 16住 4C区 11層 | 混土 | 15段階 | IV | 堅果 | PLD-5197 | 5275 ±25 | 断絶 |
| S19 | 16住 9B東SB区 5層 №2005 | シジミ | 17段階 | IV | 堅果 | MTC-05225 | 5355 ±40 | 断絶? |
| S25 | 16住 5DSB区 17層 | 土層 | 22段階 | V | オニグルミ | PLD-5201 | 5315 ±25 | |
| S20 | 16住 5D南北SB南半 15層№2372 | カキ | 26段階 | VI | オニグルミ | PLD-4145 | 5315 ±30 | |
| S21 | 16住 5DSB区 14層 | オオタニシ | 27段階 | VI | オニグルミ | PLD-5198 | 5285 ±25 | |
| S36 | 16住 10A区 7層 31段階 | シジミ | 31段階 | VII | シイ | YU-1794 | 5365±29 | |
| S22 | 16住 5D南北SB南半 3層 №2333 | 混土 | 31段階 | VII | オニグルミ | MTC-05226 | 5300 ±40 | |
| S35 | 16住 1CSB区 1層№02339(10/9) | 混土 | 31段階 | VII | シイ? | YU-1793 | 5369±28 | |
| S24 | 16住 1CSB区 1層№2339 | シジミ | 31段階 | VII | 種実? | PLD-5200 | 5280 ±25 | |
| S37 | 16住 4A区 4層 | ハマグリ・シジミ | 36段階 | IX | クルミ? | YU-1795 | 5353±28 | |
| S 2 | 15住 東SB17B区 6層 | 混土 | 1-3段階 | | オニグルミ | PLD-4136 | 5265 ±30 | |
| S 3 | 15住 3A区 SB05層 | シジミ | 5段階 | | オニグルミ | PLD-5192 | 5275 ±30 | |
| S 4 | 15住 3D区 40層 | シジミ | 5段階 | | オニグルミ | PLD-4137 | 5280 ±30 | |
| S 6 | 15住 19A区 26層 | シジミ | 8段階 | | オニグルミ | PLD-4138 | 5280 ±30 | |
| S 7 | 15住 南北SB南半 13B区 22層 | シジミ | 12段階 | | オニグルミ | PLD-4139 | 5235 ±30 | |
| S 8 | 15住 13D区 16層 | シジミ | 14段階 | | オニグルミ | PLD-4140 | 5290 ±30 | |
| S 9 | 15住 13D区 14層 | 混土 | 16段階 | | オニグルミ | PLD-4141 | 5220 ±30 | |
| S10 | 15住 8A区 04層 | カキ | 18段階 | | オニグルミ | PLD-5193 | 5275 ±30 | |
| S11 | 15住 13D区 11層 | シジミ | 19段階 | | オニグルミ | PLD-4142 | 5290 ±30 | |

（層位・重複・型式から上が古く下が新しい）

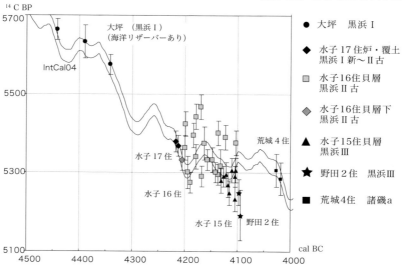

**図45** 水子貝塚出土種実の$^{14}$C年代測定と較正曲線の関係（小林 2016b改変）

浜式Ⅰ段階）のうち海洋リザーバー効果の影響を受けていない測定値を較正曲線上に置く（図45グラフの左側）。また水子貝塚15住とほぼ同一時期と考えられる、前述の野田貝塚23次調査2住の測定例（年代測定研究グループ2007）もプロットする。

　水子貝塚各住居内での層位の順番を守りつつ、較正曲線上に最も多くの測点が合致するように配置すると、図45のようになる。たとえば16住の測点は新旧が前後するので、較正曲線の波行に合致するように置くとなると何カ所かの波行部分がある。図の曲線上のより左側の波行部分に重ねることも可能であるが、16住貝層下層出土例や炉内出土例のより古い年代例が押し出されてしまうし、15住の測点より新しくはならないので、4160-4220cal BCあたりにプロットせざるを得ない。

　水子貝塚住居内貝層の堆積状況について復元すると、15住ではほぼ同一の測定値ではあるが下層から上層へ向けていったん測定値が若くなった後に上層がやや古く、16住では、新旧の年代値が堆積層の群ごとに極端に変動することがみてとれる。これは、過去の大気中$^{14}$C濃度の変動の反映である可能性がある。つまり15住では10〜20年程度以内の住居跡埋没に対し、16号住居では炉内の試料を別としても層の境で大きく年代値が異なる部分が4回はあり、40〜50年程度以上の時間幅が存在する。以上のことから、15・16住は明らかに堆積状況（期間）が違うことが指摘できるのである。

## 第3節　縄紋時代竪穴住居の廃絶に関する時間

　250〜300年以上とかなり長期間にわたり廃棄行為の場とされながら埋没した住居跡地である井出上ノ原遺跡45号住居、50年程度より長いと考えられる埋没または廃棄に供された期間をもつ水子貝塚16号住居、きわめて短期間（10年、長くとも20年以内を想定）に埋め戻された水子貝塚15号住居について検討した。このほかにも、第7講で扱った梅之木遺跡18号住居では数十年以内に埋没または埋め戻された可能性を推定できる。

　埋没後の混在がない試料に絞り込んだ上で、竪穴中の覆土形成過程における、住居廃絶時または廃絶後直後の当時の人々の行為が反映しているまたは周

辺環境に影響を受けつつ埋没していった状況を、時間的に復元できる事例から
検討していくことで、住居跡地の利用のされ方、見方を変えれば集落内におけ
る窪地の利用が明らかになる。住居跡地が廃棄場などに利用されるということ
は、その間は集落が継続的ないしは断続的に再利用されていることが明らかで
ある。逆に短期間に埋め戻す住居跡地が集中する集落については、その時点で
の集落の廃絶や何らかのイベントが想定される可能性があろう。このように、
縄紋集落の時間的解明に重要な知見を得ることができると考える。その裏表の
関係として、縄紋時代の社会システムを考える上で廃棄行為のあり方は重要な
鍵となる。「吹上パターン」とも称される、住居内貝層や完形に近い土器や多
量の土器破片・石器類を住居中・上層に包含する竪穴住居覆土中一括遺存遺物
の現象（山本 1993、小林 1997）は、縄紋人が集中的または継続的な廃棄行為
をおこなっている結果であり、そのあり方は集落の継続性・断続性や維持、石
棒の破砕廃棄など何らかの儀礼的行為がどのような社会システムとしておこな
われているのかを明らかにする手掛かりとなろう（小林達 1996）。

　住居跡地出土試料の $^{14}$C 年代測定結果から住居埋土の埋没にかかる時間経過
を探るとともに、炭化物の包含状態や土器・石器などの廃棄行為のあり方を重
ね見ることで、集落内における竪穴住居跡地の利用のされ方が整理できると考
える。年代測定研究が、単に年代決定をおこなうだけの利用ではないことの一
例としたい。


**註**

（1）井出上ノ原遺跡については、考古学協会での発表など、いくつかの論考で触れて
　　きたが、測定値についてはすべて調査報告書（小林謙・小林尚編 2013）において
　　報告した。水子貝塚については、学会発表（小林 2016a）などのほか、レポートが
　　富士見市水子貝塚資料館から刊行（小林ほか 2005e）されているが、新たに測定し
　　た分については掲載されていない。

（2）図 23 などには代表的な測定値を用いて OxCal の Plot dates で cal BP（1950 年
　　より何年前）で表示してある。また、筆者が関わった試料を用いたので、データ名
　　は筆者が付した試料番号を記した。これに対し、本講の表 4 では水子貝塚出土種実
　　試料名と測定機関番号、図 45 では cal BC（紀元前表記）で記した。

# 第12講

## 盛土遺構の年代研究

### 第1節　盛土遺構構築の時間的検討

　環状盛土遺構とは、栃木県小山市寺野東遺跡で最初に明らかにされた、縄紋人が盛土状に土を盛り上げて土塁状の構築物をつくったもので、関東・東北・北海道に多く発見されている。一端が開放した環状や、二つの弧状の盛土が並ぶといった、一定の空間を画するような空間配置をすることが多い。また、千葉県三輪野山貝塚などでは、中央部を人為的に削り込み、低くして周囲の盛土部分を高くする中央窪地のあり方も認められている。また、北海道・東北地方では縄紋前～晩期遺跡などで、墓に土手が伴う周堤墓（斜里朱円周堤墓群など）や、集落内の盛土に関連する可能性が指摘される遺構も発見されている。

　たとえば青森県三内丸山遺跡は、道に沿って並ぶ配石墓や大型木柱をもつ大型建造物の存在など、従来の縄紋集落のイメージを一新する大規模遺跡である。その中にも縄紋前期・中期に構築された盛土遺構が存在するが、その性格は考古学的な検討課題となっている。縄紋後晩期の社会復元に関して、その中でもモニュメントとしての性格も指摘される大型遺構の構築に関わる時間として、遺跡形成の時間的復元を盛土遺構出土の炭化物の年代測定から試みる。[1]環状盛土および盛土遺構に関しては、江原英の研究史的整理が優れており（江原1999）、ここでは江原の見解に従いながら整理していく。

　関東地方の環状盛土遺構は、1993年の栃木県寺野東遺跡において初めて明確に確認された（江原ほか1997）。調査当初は自然地形と考えられていた高まりについて、高まり部分に窪地の部分よりも下位にあたるローム質土があり、人為的に盛り上げたものと判断された。調査により、縄紋後期前半～晩期にか

けて形成されたこと、環状の範囲にブロック状に存在すること、土層は焼土層を含み縄紋後期の土器を多量に出土すること、囲われる窪地には縄紋晩期包含層が存在することが確認された（江原ほか 1997）。寺野東遺跡での大規模な土木工事が確認されると、それまでの縄紋遺跡の中にも類例が存在していたことが改めて注目された。

特に、加曽利南貝塚など関東地方で以前より大規模な存在が確認されてきた環状（馬蹄形）貝塚では、調査時より様々に指摘されてきた中央に窪地があることの評価が改めて問われてきた。ほかにも、馬場小室山遺跡など大宮大地の後晩期遺跡群や千葉県遠部台遺跡などの土器塚と称される多量の土器片が集積されている遺跡の存在も関連が注目されるようになった。堀越正行は貝塚中央窪地について、自然地形説をとり、地理学的な検討結果から貝塚中央窪地は縄紋人が貝塚を形成する以前からの浸食による自然地形とし、さらに寺野東遺跡例についても「環状盛土遺構は中央窪地形馬蹄形貝塚の疑似遺構として、非日常的に形成された目的的な構築物」と評価した（堀越 1995）。

この意見については、江原英が寺野東遺跡について日常的な集落であること、中央窪地についてすべてを自然地形で説明できないことを指摘した。特に、窪地ローム面上に直接厚くない縄紋晩期包含層が形成されることについて、堀越は浸食による流失を想定するが、貝の花貝塚において岩崎卓也が想定したように（八幡ほか 1973）晩期以前の掘削を考えるべきとして反論している（江原 1999）。

阿部芳郎は、盛土の形成要因を居住施設の構築技術に関係するものとの見解を表明し、「谷奥型遺丘集落」を類型として示した。盛土について「下から上に向かって順序よく変遷している」「生活面の累積」と捉え、居住地点が固定化しているために排土が積み上げられたとした（阿部 1996）。さらに、盛土の機能として、断面観察から「土砂を高く盛り上げようとする目的よりも、一定のレベルを維持した水平面の拡張にある」として「ムラの中央を掘り窪めることに第一の目的があったのではなくて、かれらの居住施設の構築技術に関係するもの」と、従来の盛土遺構の形成要因とは異なった視点を提示した。こうした視点を解明していくには、盛土遺構の堆積状況のより詳細な分析や、竪穴住居など建造物の構築方法、掘り上げた土の処理や、廃棄行為の復元など多角的

第12講 盛土遺構の年代研究 *169*

な検討が必要となる。

東北・北海道の盛土遺構としては、1986年に北海道木古内町新道4遺跡で、縄紋後期後半の比較的短い期間に構築されたと思われる盛土が検出された（大沼 1986）のが初めてである。北海道苫小牧市美沢3遺跡（遠藤 1990）では縄紋早期後半の盛土が検出されている。後期のキウス4遺跡では長さ150mに及ぶ大規模な向かい合う盛土が発見され（北海道埋蔵文化財センター 2003ほか）、函館市石倉貝塚では内側に配石遺構を伴いながら環状にめぐっている盛土が検出された（佐藤 1995）。北海道の盛土遺構について、長沼孝は「住居掘削時の排土や一定の区画を削平した際の排土などを意図的にマウンド状に堆積したもので、焼土や多数の遺物を伴う場合が多い」「土器や石器の廃棄行為とも複合し、送り場だけでなく儀式の場としても機能した」（長沼 1993）としている。

東北地方では、岩手県御所野遺跡（高田 1993）、秋田県鳥野遺跡（和泉 1993）などにおいて、墓域や住居群と関連しつつ多量の遺物を廃棄しながら人為的に盛土を構築していることが注目されている。こうした研究状況を研究史的にまとめた江原英は、「東北・北海道に於いては、盛土遺構の時期・形態などが多様であるとともに、「祭祀」や「儀礼の場」との見方のされている例が比較的目立っている。一方で、青森県三内丸山遺跡や秋田県狐岱遺跡（大野 1990）の盛土遺構をみると、円筒土器文化特有のいわゆる中の平パターン（鈴木 1975）とされるきわめて多量の遺物による廃棄ブロックの形成という問題が想起され、今後あらゆる視点からの検討が必要とされる」（江原 1999）と優れた指摘をしている。

ここでは、関東地方の環状盛土遺構として三輪野山貝塚、東北・北海道の盛土遺構としてキウス4遺跡を取り上げる。前者では中央窪地や環状貝塚との関係が認められ、後者では墓域や大量廃棄パターンとの関係が指摘され、より儀礼的な側面が注意されているなど、その性格に関して異なる見解も提起されているが、盛土という土木工事によって人為的に土を盛り上げているという点に着目し、関東地方環状盛土遺構の構築状況、東北・北海道地方の盛土遺構の構築状況について、層位的な出土試料の $^{14}$C 年代測定をおこない、年代測定値から構築年数や継続性・断続性、土に含まれる炭化物の年代的整合性や他の場所

から持ち込まれた炭化物の混在の度合いなどを検討し、盛土の性格に関する検討をおこなう一助としたい。

## 1. 三輪野山貝塚

　流山市三輪野山貝塚出土土器付着物および炭化材の$^{14}$C年代測定をおこない（試料記号 MMS）、縄紋遺跡の形成過程の年代的復元を試みた。三輪野山貝塚は、縄紋後晩期の貝塚をもつ集落遺跡であるが、集落中央を人為的に掘り下げ、その掘削土を排土として集落周辺の斜面に廃棄する、「盛土状」とされる遺構が検出されている。その人為堆積層には、多量の土器廃棄層や、黒色腐植土の特殊な堆積層など、長期にわたる人為的な営為の跡が残されている。

　図46下図に示すのは、MMS-C-T2とした縄紋後期の遺物を包含する斜面堆積層部分にあたるT2（トレンチ2）のセクション図である。他にトレンチ1、3や遺構から層位的に炭化物や土器付着物など38点の測定結果を得ている（小林ほか 2007b、小林 2011）。ここでは、トレンチ1～3の盛土遺構に関わる層位的出土炭化材試料26測定を扱う。

　堆積層下層は堀之内1式土器が主体的に出土し、年代的にも後期前葉にまとまる。堆積層中位の黒色土層には、加曽利B式～曽谷式を中心とした土器が廃棄されているが、炭化物の年代は縄紋中期から後期の多様な年代を示し、人為的作為が加えられている可能性もある。堆積層上層は、後期後葉の年代が集中的に測定された。これにより、斜面の堆積層は、1000年近い長期の間に、断絶時期を挟みながら層の形成がなされたと考えられる。また集落では、後期中頃に大きな人為的営為（集落中央部の掘り下げ工事に対応する可能性がある）がおこなわれた可能性が示唆される。

　盛土状遺構とされる斜面部の人為堆積層では、層位ごとに測定した炭化材の年代からみて、下層部分（13・14層）は堀之内1式、中位の黒色土層部分（9・10・12層）は、後期後葉曽谷式を主体としながらも縄紋中期に相当する年代まで含む、やや分散した測定結果が得られた。上層（4～6層）は縄紋後期末葉～晩期前半の時期であった。測定結果でみると、下層については、較正年代で2300-2000cal BC頃と後期前葉の年代が得られた。中位の黒色土からは、較正年代では1550-1450cal BC頃を中心とした年代が推定された。

第12講　盛土遺構の年代研究　*171*

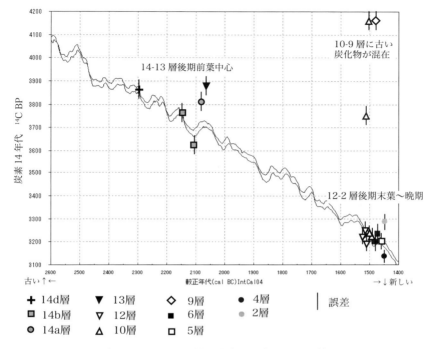

三輪野山貝塚T2出土試料の炭素14測定値と較正曲線 IntCal04

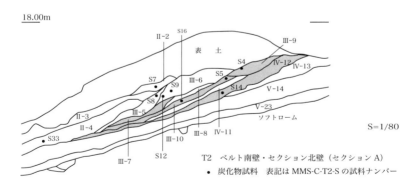

測定試料の出土位置（T2トレンチ　盛土断面セクション）

**図46**　三輪野山貝塚盛土層位別炭化物の炭素14年代と較正曲線
（小林 2011、小林ほか 2007b）

なお、村本周三は、三輪野山貝塚盛土状遺構の分析において、層位別の出土土器型式の内訳について検討し、$^{14}$C 年代測定値とばらつきのあり方が違うことを指摘している（村本ほか 2007）。下層では、年代値・包含される土器片とも堀之内１式中心でまとまっており、集落の形成期の年代とほぼ重なる。黒色土を中心とした 10・12 層では、$^{14}$C 試料では新旧の年代値がばらつき、土器は黒色土 10 層では縄紋後期中葉の加曽利 B 式から曽谷式土器にまとまるが、褐色土 12 層では堀之内式から安行式土器までばらつく。上層の盛土層は年代値が後期後葉・末葉にほぼ収まるが、土器片は堀之内式から曽谷式までばらけている。村本は、土器片の型式組成のばらつきのうち、古い時期の堀之内式土器は上層ほど土壌の持ち込みなどに伴って混在するものと捉え、年代値の測定試料である炭化材は風化しやすいなどの理由で遺存しないためとの解釈を示している。今後もさらに検討が必要であるが、10・12 層の測定値のばらつきは中期末～後期初頭の堀之内式以前の炭化材が含まれ、中央窪地など削平土壌に混在していたもので、古い土器は混ざり込まないような削平行為だった可能性が考えられる。特に 10 層には後期加曽利 B 式後半～曽谷式土器が集中して廃棄された可能性を考えたい。盛土上層においては、竪穴住居ほか遺構掘削土を盛るなどにより堀之内式土器片が混在するが、炭化材は生活に伴う燃料材などの廃棄により、上層の盛土の時期である縄紋後期後葉に限られる可能性が考えられよう。いずれにせよ、村本の分析のように、共伴する土器への検討を進めて、型式組成比のみならず破片の遺存状況や大きさなどについても検討すれば、さらに情報が読み取れるものと期待できる。

　以上のように、人為的堆積の下層は、縄紋後期前葉堀之内１式期の集中的な堆積、中位の黒色土は、縄紋後期後葉曽谷式期頃に集落部の削切部分からの排土などが古い時期の炭化材を巻き込みながら堆積した層、上層はその後に時間をかけて自然堆積的に、または集落の営みにあわせて人為的に堆積した層と想定できた。

## 2. キウス 4 遺跡

　キウス 4 遺跡は、北海道千歳市に所在し、馬追丘陵の西側斜面、標高 4～19 m に位置している。縄紋時代後期後葉の周堤墓と呼ばれる土手をめぐらし

第 12 講　盛土遺構の年代研究　173

た土坑墓による墓群の存在で著名である国指定史跡「キウス周堤墓群」が南西
300 m に存在するが、キウス 4 遺跡にも同時期である縄紋時代後期後葉の周堤
墓群が存在する。周堤墓群のほかに、南側に位置する水場遺構や河道際の杭列
のある低地部と、周堤墓群の西側に隣接して建物跡・土坑・柱穴群による集落
部分がある。さらに 200 軒を超える住居・建物群、土坑群を取り囲むように盛
土遺構が築かれている。盛土は北側および南側に設けられる（北海道埋蔵文化
財センター 2003）。阿部明義ら調査者の所見によれば、盛土遺構からは堂林式
期の土器など総計約 600 万点の遺物が出土し、後期中葉以降の比較的短い期間
に積み上げられたと考えられる。北海道埋蔵文化財センターの調査により、多
数の $^{14}$C 年代測定がおこなわれており、北盛土・南盛土で層位的に出土した炭
化材・炭化種子や土器付着物多数が測定されている。また、盛土以外でも土壙
墓内出土試料なども測定されている。これらと別に北海道埋蔵文化財センター
西田茂・阿部明義氏の提供により、盛土出土炭化材を筆者が $^{14}$C 年代測定した
結果をあわせて検討した（小林 2011）。

　盛土遺構は、樽前山起源降下火砕堆積物（IV 層）の下位に堆積する縄紋時
代包含層である黒褐色土（V 層）の中位に盛土遺構・周堤墓が構築されてお
り、盛土より上位を Va 層、下位を Vb 層としている。R 地区では、台地側か
ら低地側緩斜面に向かって平坦面をつくりながら排出し、帯状に盛土遺構を作
り出している。縄紋後期後半 鮑潤式新段階から堂林式新段階までの遺物・自
然遺物を多量に含む盛土が、上下の層に大きく分かれている（北海道埋蔵文化
財センター 2003）。

　南側盛土 D 盛土の層位別出土炭化材試料に、北海道埋蔵文化財センター既
測定を含めて層位の堆積の順番に並べると、表 5 および図 47 のように新旧の
連続として把握できる。これを、較正曲線（ここでは IntCal04 を用いた）の
上に、堆積順序を崩さず、かつ測定値がなるべく較正曲線上に並ぶように配す
る。盛土の上層から下層にかけて次第に古い値が測定されているが、最上層の
D 1 層からは明らかに古い（後期旧石器時代以前に相当する）炭化物が測定さ
れている。最上層には、湿地帯などから巻きあがった古い植物遺体が残された
可能性を考えたい。また、北海道埋蔵文化財センター測定の D 6 層出土試料
の年代値も 3340±70$^{14}$CBP と上下の層位に比べやや古い。これも下位の層か

**表5** キウス4遺跡の堆積順序と炭化物の$^{14}$C年代測定値

| 南側盛土Dを中心とした層位関係 | | | 北側盛土 | | |
|---|---|---|---|---|---|
| D2層 | 3070±30 | 3040±40 | 26層 | 3200±40 | |
| Y1層 | | 3120±20 | 13層 | 3240±50 | |
| D3層 | 3160±30 | | | | |
| D12層 | 3110±30 | | | | |
| D4層 | 3140±40 | | | | |
| D5層 | 3230±40 | | | | |
| D6層 | 3190±30 | 3340±70 | | | |
| D7・D14層 | 3150±30 | 3180±40 | | | |
| D16層 | | 3150±40 | | | |
| D10・D20層 | 3090±30 | | | | |
| W2層 | 3290±40 | | | | |
| W3層 | 3250±40 | | | | |
| W-F17焼土 | | 3240±40 | | | |
| W-F18焼土 | | 3310±40 | | | |
| A5層 | | 3340±30 | 包含層Vb | 3370±60 | 3210±60 |
| V3層 | | 3220±40 | | | |

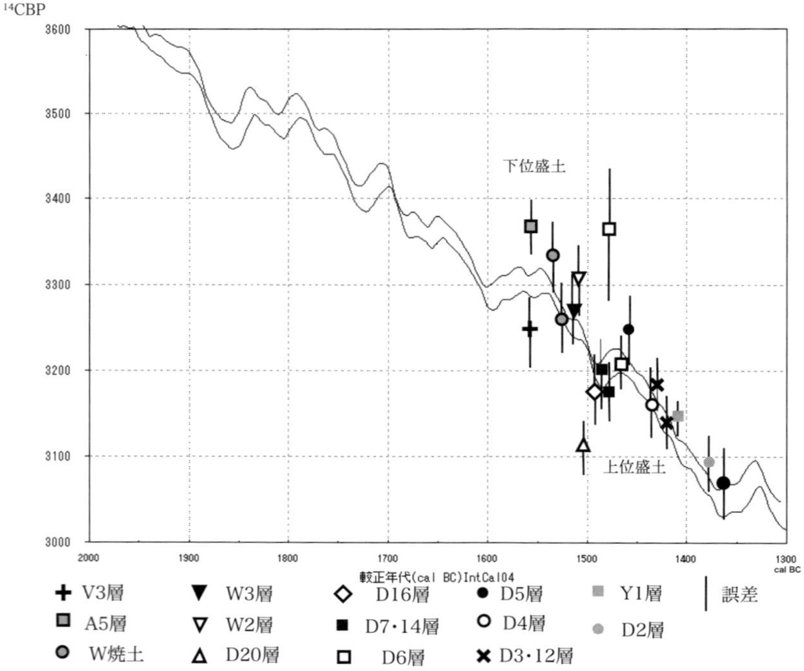

**図47** キウス4遺跡盛土出土試料の$^{14}$C年代測定値と較正曲線 IntCal04 （小林 2011）

ら巻きあがったか盛土形成時に混在したものと考えたい。これ以外の試料では、一部に数十 $^{14}$C 年程度の見かけ上の測定値の逆転も認められるが、これは過去の大気中の $^{14}$C 濃度の変動によるものと考えられる。上層から D10 層（下位盛土の最上層）までは、縄紋後期後葉に相当するかなり近似した年代値であり、比較的短期間に盛土が形成されたと考えられる。盛土 W 以下の下位盛土層の試料は、縄紋後期中葉に相当するやや古い年代の測定値でまとまっている。下位盛土層と上位盛土層の形成で若干の時間差があったのではないかと考えられる。

　南側盛土下位盛土は縄紋後期中葉の後半頃につくられ始め、上位盛土は縄紋後期後葉につくられたと捉えられ、それぞれの盛土は比較的短期間（数十年〜100 年程度）の時間の中で連続的に形成されたと考えられる。上位盛土と下位盛土は時間差が極端に大きくはないが、若干の時間差があると想定されよう。

　北側盛土については、南側盛土のように連続的な層位での測定結果を得ていないが、盛土中位は 3200-3240 $^{14}$C BP の測定値で、後期後葉堂林式期の形成時期とする調査所見と合致している。また盛土下の包含層Ｖｂ層中の炭化材や盛土の下の遺構出土炭化材は後期中葉頃の測定値であり、やはり調査所見での後期中葉鮴潤式新段階から堂林式古段階という位置づけと合致する。最上層と思われるＣ盛土１層が 3150 $^{14}$C BP であるほかＳ盛土２・３層・F11 焼土出土炭化材などが 2600-2670 $^{14}$C BP など縄紋晩期に下る年代値が測定されているのは、調査所見での堂林式新段階から「三ツ谷式」並行の土器が出土するとの所見と整合し、盛土最上面には晩期になってからの植物遺体が残された可能性を示唆している。

　キウス４遺跡南側盛土遺構の層位別年代測定では、きわめて良好な結果を得ることができた。盛土の形成が、下位盛土は後期中葉、上位盛土は後期後葉に比較的短期間に形成されたこと、最上面を除き年代的に古い炭化物があまり混ざっていないこと、が指摘できる。多量の遺物の廃棄行為や焼土を残す儀礼行為をおこないながら人為的に台地上からの排出土を、各層位ごとに短期的に盛土として積み重ねていった可能性が考えられる。

　なお、岩手県大橋遺跡についても、廃棄された結果層位的に出土した土器付着物の測定結果から、比較的連続的に盛土が形成されている可能性を得ている

(小林 2011)。

## 第2節　盛土遺構への年代研究の視点

　盛土遺構の形成過程について、年代測定の結果を踏まえて検討した。その結果、構築された時期、形成期間や盛った土壌（この場合、測定試料の包含されている土壌）の由来、複合する廃棄や焼土形成などの行為に多様なあり方が認められた。

　三輪野山貝塚では、中央窪地の掘削に伴う土壌の排出が盛土遺構の中位層に顕著に盛られており、他の層位では層位的な連続にほぼ整合する年代値を示す炭化材が出土するのに対し、中位層では明らかに古い炭化物が形成時期と考えられる縄紋後期後葉の年代の炭化物とともに混ざって出土することが確認できた。大規模な集落中央の窪地掘削に伴う排土の盛土の特徴として、古い炭化物の混在が指摘できるだろう。

　キウス4遺跡では、盛土上面において古い年代を示す炭化物が混在する。風水などの自然営力による攪乱、竪穴などの掘削に伴う排土の中に混ざっていたものの堆積などの原因が考えられるが、詳細は不明である。基本的には層位の堆積順序と矛盾ない年代値を示す炭化物が出土している。

　キウス4遺跡の盛土遺構では、比較的短期間のうちに、儀礼的行為や廃棄行為を複合しながら、盛土層を一気に構築している可能性が指摘できた。これに対し、青森県三内丸山遺跡や岩手県大橋遺跡の盛土状遺構は、測定数の不足から断定できないが、比較的長期にわたり連綿と盛土された可能性が考えられる（小林 2011）。さらに関東地方の三輪野山貝塚盛土状遺構では、上記の北海道・東北の盛土遺構とは異なった特徴として、後期前葉に盛土を構築した後、後期後葉に再び盛土を構築する状況が確認され、盛土行為の営みに断続があることが確認できた。

　遺跡・遺構のライフサイクル（小林 2004a）を考えていく際、遺構の重なりや包含層・人為層の堆積順序、出土遺物の状況などの考古学的コンテクストとともに、層位的連続の中で出土した試料群の$^{14}$C年代測定結果を検討していくことは、遺跡の形成過程の時間的変遷および連続性・断絶、包含される遺物の

一括性や廃棄の複合性などの人間の関与のあり方の検討に対して、きわめて大きな示唆を与えるものであるということができる。


註
（1）三輪野山遺跡の盛土の年代測定研究については、下記において論じている。
　　小林謙一・坂本稔・新免歳靖・尾嵜大真・村本周三・小栗信一郎・小川勝和 2007
　　「流山市三輪野山貝塚における $^{14}C$ 年代測定研究」『国立歴史民俗博物館研究報
　　告』137 集。

# 第13講

## 縄紋文化から弥生文化の年代

### 第1節　縄紋から弥生への文化変容の時間的推移

　縄紋晩期の終わりの年代を探ることは、縄紋から弥生への転換期の年代を探ることと同じである。設楽博己による広域土器編年（設楽・小林 2004 ほか）と藤尾慎一郎の年代観（藤尾 2007b ほか）を参照しつつ、東西日本の交差年代を簡単に検討したい。

　晩期前葉の較正年代上の交差年代については、九州の弥生早期山の寺式古期が紀元前 900 年代後半であるのに対し、東日本縄紋晩期大洞 C 1 式と C 2 式の境は前 900 年代後半頃の可能性が高くほぼ一致しそうである。西日本の弥生早期と前期の境は前 700 年代初めで、それに並行する大洞 C 2 式と A 1 式の境は、前 790 年から 730 年までの間に求められ、おおむね一致している。それは、福岡県雀居遺跡での大洞 C 2 式新段階の土器、高知県居徳遺跡での大洞 A 式土器、佐賀県大江前遺跡での大洞 A 式土器の出土とも合致する（図 48）。

　弥生前期と中期の境は前 380～前 350 年頃に相当する可能性が高く、この時期の西日本と東日本の編年対比上の暦年代は一致する。近畿地方では、大阪府瓜生堂遺跡（小林ほか 2008c）や奈良県唐古・鍵遺跡（小林ほか 2006f）の弥生前期土器は、「2400 年問題」の中に含まれ、前 8～前 5 世紀の幅でしか捉えられない。瀬戸内の岡山市南方（済生会病院地点）遺跡や、大阪府河内地方の美園遺跡（小林ほか 2008c）、唐古・鍵遺跡（小林ほか 2006f）などの弥生 II 期最初頭の土器付着物の較正年代は前 380～前 350 年に集中している。東日本では、縄紋晩期終末に近い新潟県青田遺跡、岩手県金附遺跡下層の大洞 A・A′式並行期の土器は、前 8～前 5 世紀の幅に含まれるが、青田遺跡 S 1 層や金

| 西暦 | 中部～関東 | | 北陸（石川）～関東（福島） | | 東北（宮城～岩手） | | 東北（青森） | |
|---|---|---|---|---|---|---|---|---|
| cal BC | 中期 | 加曽利E4式 | 中期 | 串田新式・沖ノ原式 | 中期 | 大木10a式 | 中期 | 大木10a式 |
| 2500 | 後期 | 称名寺1式 | 後期 | 三十稲場式・前田式 | 後期 | | 後期 | 沖附式 |
| | | 称名寺2式 | | | | 袖窪 南境式 宮戸Ib式 | | 十腰内1a式 |
| | | 堀之内1式 | | 南三十稲場式・気屋式 | | | | 十腰内1b式 |
| 2000 | | 堀之内2式 | | 酒見式 | | 宮戸IIa式 - 宝ケ峰式 - | | 十腰内2式 |
| | | 加曽利B1式 | | | | | | |
| | | 加曽利B2式 | | 三仏生式 - | | 宮戸IIb式 - | | |
| 1500 | | 加曽利B3式 曽谷式 安行1式 安行2式 | | 井口式 - 八日市新保式 | | 金剛寺式 - 宮戸IIIa | | 十腰内3式 十腰内4式 十腰内5式 （風張） |
| | 晩期 | 安行3a式 安行3b式 | 晩期 | 御経塚式 | 晩期 | 大洞B1式 大洞B2式 - 大洞BC式 | 晩期 | 大洞B1式 大洞B2式 大洞BC式 |
| 1000 | | 安行3c式 | | 中屋式 | | 大洞C1式 | | 大洞C1式 |
| | | 安行3d式 千網式 | | 下野式 | | 大洞C2式 大洞A1式 | | 大洞C2式 大洞A1式 |
| | | | | 鳥屋2a式 | | 大洞A2式 | | 大洞A2式 |
| 500 | | 荒海式 | | 鳥屋2b式 | | 大洞A'式 | | 大洞A'式 |
| | 前期 | （中屋敷） | 前期 | 緒立式 御城田式 - | 前期 | 十三塚東D - 青木畑式 | 前期 | 砂沢式 |
| | 中期 | 須和田式 （中里） | 中期 | 今和泉式 （八日市地方） | 中期 | 原式・谷起島式・地蔵池式 高田B式 中在家南式 | 中期 | 二枚橋式 田舎館式 |
| 紀元前 | | 宮ノ台式 | | 龍門寺式 天神前式 | | 富沢式 | | |
| 紀元後 | 後期 | 久ヶ原・弥生町式 | 後期 | 天王山式 | 後期 | 湯舟沢式 | 後期 | |
| 250 | | | | | | | | |

- は年代を計測していない土器型式　　　()は型式名でないもの

**図48** 較正年代による縄紋後半期～弥生時代の実年代推定（小林 2007b 改変）

附遺跡下層の大洞 A 式後半から A′ 式は、山形県砂子田遺跡での大洞 A 2 式土器の土器付着物測定値などと同じく「2400 年問題」の後半であり、前 6 世紀後半から前 5 世紀に含まれる可能性がきわめて高い。弥生前期砂沢式期は、山形県生石 2 遺跡（小林ほか 2005i）や、岩手県丸子館遺跡（小林ほか 2005b）、青森県是川中居遺跡 G 区上層の土器付着物の測定などから前 400〜前 380 年頃を含み、砂沢式の最後は前 380〜前 350 年頃と考えている。山形県小田島城遺跡土器付着物（小林謙・小林圭 2006）や宮城県高田 B 遺跡、中在家南遺跡の水路関連と考えられる材や土器付着物、新潟県大曲遺跡、分谷地 A 遺跡の再葬墓土器棺の壺形土器付着物などの測定や図 37 に示した関東の千葉県志摩城遺跡（小林・坂本 2006）などの例より、弥生中期前半はそれに続く前 4〜前 2 世紀の年代と考えられる（以上の測定値は今村編 2004、西本編 2005）。

　以上のように、東北地方・関東地方の $^{14}$C 年代測定結果は、西日本と整合的な結果が得られている。その上で、関東地方における弥生時代の始まりを、年代の上からみておこう。

　前 900 年代に北九州に伝播した水田稲作は、数百年をかけて次第に東進する。高知県田村遺跡では前 800 年頃に水田が波及した可能性がある。神戸付近においては前 700〜前 600 年頃、河内地方に前 600 年頃、奈良盆地の唐古・鍵遺跡には前 500 年頃に水田が波及した。東海から中部を通り西関東神奈川県小田原市中里遺跡に前 200 年頃に達する流れと、日本海側沿いに東北地方北部の青森県弘前市の砂沢遺跡へ前 400 頃に達する流れとがある。

　ここでは神奈川県中屋敷遺跡（小林ほか 2008b）や山梨県塚越遺跡（小林ほか 2007a）における東海系の条痕紋土器の出現をもって弥生前期と位置づけるが、これらの遺跡において水田稲作がおこなわれたかどうかは不明である。山梨県では韮崎市宮ノ前遺跡において水田が検出されており、その水田面出土土器の年代測定を試みるべく試料を採取したが、炭素量不足で成功しなかった。一方、神奈川県の西部に位置する中屋敷遺跡では、その遺跡立地から水田稲作とは考えにくいが、多量のコメがアワとともに貯蔵穴と考えられる土坑から出土し、コメ・アワの年代とアワと共伴した条痕紋土器付着物の年代、さらに筆者が測定した結果と昭和女子大学と（株）パレオ・ラボが測定した結果も

一致しており、前400年頃にコメを多量に所有する集団がいたことが確認されている。さらに、前3世紀には同じ神奈川県でも低地よりの神奈川県小田原市中里遺跡（較正年代で前200〜前250年（cal BC）頃）において、関西地方の土器を共伴しつつ関東地方在地の弥生中期前半の土器をもつ集団が、水田稲作を相当な規模でおこなうようになり、弥生中期後半の宮ノ台式期以降に関東全域に広がる。これに対し、北東北では青森県砂沢遺跡（前5世紀後半）、垂柳遺跡（前3世紀）で水田が営まれた後に水田稲作は放棄され、北海道の続縄紋文化と近しい関係を営んでいく。一方、東北地方でも北緯40度より南の太平洋岸では、前4世紀から前2世紀に仙台湾沿岸（宮城県原遺跡、高田B遺跡、中在家南遺跡）、いわき市周辺（福島県戸田条里遺跡、番匠地遺跡）、さらに関東地方の神奈川県中里遺跡に水田が営まれ、その後次第に水田を有する遺跡分布が拡大されていく形で、弥生文化が広がっていく様子が認められよう。北海道・沖縄を除く列島各地に水田稲作が伝わるのに、北九州から最後の関東まで700年かかったことになる（小林 2007b・2009）。

## 第2節　縄紋文化と弥生文化

　縄紋と弥生の文化はどのような関係にあったのだろうか。水田が伝わった頃の近畿地方には、縄紋土器の要素を残す長原式と呼ばれる突帯文系の土器と、弥生的な特徴の強い遠賀川系の土器とが共存し、在地の縄紋系と渡来系の系譜を引く弥生系の人たちが共存していたと考えられる。また、東日本にはコメ自体は伝わっても水田をつくることはせず、文化的には縄紋晩期からの生活文化を守っていた。縄紋人たちはコメを知りながらも水田稲作はすぐには受容せず、長い時間をかけ融合していったといえる。すなわち、縄紋文化と弥生文化は長い期間、比較的平和に共存していたのが、縄紋時代の最後の状況と考える。

　言い換えると、北部九州に水田稲作が伝わった頃に東北地方に栄えていた縄紋晩期大洞式土器文化（亀ヶ岡文化）と、西日本の弥生文化との関係、すなわち当時の東西関係を考えなくてはならない。

　近年、設楽博己、小林青樹らの研究（設楽・小林青 2007、小林青 2007）に

よって、東西の交流を示す多くの文物の存在がわかってきた。九州・四国・近畿、遠くは奄美諸島にまで、東北地方から亀ヶ岡式土器が持ち込まれていたのである。たとえば、高知県居徳遺跡出土の朱漆塗土器は宮城県山王囲遺跡のものに類似し、直接持ち込まれた可能性が指摘される。一方、東北地方北部や仙台平野には、西日本から持ち込まれた遠賀川式土器や、弥生土器を模倣した遠賀川系土器が出土し、大陸系石器と称される木器製作に用いる柱状片刃石斧が青森県八戸市荒谷遺跡で出土している。直接の文物の搬入だけではなく、文様スタイルや技術の交流、工人の移動などが考えられる例として、東日本に縄紋時代以来培われていた高度な漆塗技術による飾り弓などが北部九州で出土した例や、遠賀川系土器などへの大洞系土器文様の影響の存在などが小林青樹らによってあげられている。同様に、大阪府山賀遺跡で出土した弥生中期の垂飾木製品には、東北地方北部の大洞 A 式土器に特有な工字文が配される例がある。

　東西日本の関係を整理していくと、北部九州地方に水田をはじめとした大陸系の文化が伝わり弥生文化が始まった前 10 世紀終わり頃、東北地方では縄紋晩期亀ヶ岡文化が最盛期を迎えており、当初より西日本の弥生文化圏と東北地方縄紋文化圏との間で盛んな交流があったと理解される。縄紋後期には少なくとも西日本にはコメ自体は伝わっていたと考えられ、水田が伝わった後も、コメを交易で手に入れることで自ら水田をつくることはしなかった可能性が指摘されている。年間スケジュールや水利施設などの設営に関わる労働の集約など、より複雑な社会組織へ変化せざるを得ない水田稲作の導入は、すでに高度な生活様式を誇っていた東北地方縄紋文化からは拒否されたということかもしれない。

　時代区分についても検討しなくてはならない。縄紋と弥生の時代区分については、土器型式編年により、弥生土器と縄紋土器を型式的に区分して時代区分とする立場（板付遺跡下部水田は夜臼式土器を伴い縄紋水田と捉えることになる）と、佐原真（1987）によって提唱された生業基盤によって時代区分することで、板付下部水田を縄紋晩期とせずに弥生早期とし水田の存在をもって弥生時代とする立場とが、議論を重ねてきた。金属器の存在や戦争の存在を指標に加える場合もあるが、先の二つの立場が弥生早期を認めるか否かを争点として異なる弥生開始期を主張している。さらに、佐原真による生業としての水田稲

作技術の採用を弥生文化の指標とみる立場の中でも、時代区分については異なる考えがみられる。藤尾慎一郎は、九州北西部に水田稲作技術が伝播し水田が営まれた時点をもって、琉球諸島・北海道を除く日本列島は弥生時代に入ったと捉える（藤尾 2007ab）。設楽博己は、「渡来系弥生文化」と「縄文系弥生文化」を別に捉え、地域ごとに水田稲作が受容された段階をもって弥生時代に移ったと捉えるため、広域編年的には傾斜編年となる（設楽 2014）。さらに東北地方北部については、いったん水田稲作を採用するが、弥生中期のうちには途絶してしまう。その後、北海道の続縄紋系の文物が多く流入しており、小林克（1993）が論ずるように、東北地方北部は続縄紋文化に帰属すると捉えることもできる。

　筆者も弥生早期を認める立場をとるが、弥生早期は九州地方を中心とし、瀬戸内海地域にその萌芽がみられる程度であり、現時点では弥生早期は九州北部に限定し、その他の地域は縄紋晩期文化すなわち総体として縄紋時代に含める。中四国、近畿、東海・北陸、東北、関東とそれぞれの水田稲作を受容した時間軸によって弥生文化すなわち弥生時代と捉え、東北北部はその後続縄紋文化に帰属すると考える。第10講で論じた旧石器時代から縄紋時代への変化の問題と同じく、縄紋文化複合体を総体として縄紋時代と捉える際の理解に大きく関わる議論であり、今後ともまずは年代的な整理を明確にしつつ、議論を進めていくべきと考える。

　以上のように、年代を定めることは、考古学的文化を把握し、時代区分の画期を吟味することなのである。

# 第 14 講

## 縄紋文化の年代的再構成

### 第 1 節　複合文化としての日本列島新石器土器文化の時間的枠組み

　縄紋時代の年代を決めるためには、その対象とする範囲を明確にする必要がある。本節では、日本列島先史時代の枠組みとしての縄紋文化の枠組みを検討しておきたい。縄紋文化の学問的枠組みは、文様帯系統論による土器型式の疑似生物学的系統樹によって時空間的に律せられ、かつ任意に 6 期区分する山内清男型式論（山内 1937）と、岡本勇（1989）などに代表される発展段階論による画期を求める段階区分の二つの枠組みがあり、前者をもとに後者が再構築される学史的方向性があった。後者のキーワードは「原始共同体」「豊かな縄紋社会」「階級・階層論」と移り変わってきた面がある。

　地域・時期ごとの地域文化の集合である縄紋文化複合体には多様な文化システムが存在したと想定され、列島内では長期にわたり狩猟・漁労・採集を基盤としつつ、次第に根菜類・雑穀栽培から陸稲栽培を取り入れていった可能性が考えられる。

　縄紋土器は縄紋文化の土器であり、日本列島というアプリオリに設定された空間での中石器時代（八幡一郎）または極東アジア新石器時代とするべき範囲で、縄紋時代は縄紋文化がある時代で採集狩猟が生業として規定され、氷河期以降の自然環境に適応した文化としてきたのであるが、現段階では晩氷期における成立期土器が縄紋土器かどうかを検討し、縄紋後半期にはどのような植物利用体系が農耕形態として存在していたのかを追究していく研究シーンにある。その結果、総体としての縄紋文化、それが存在する縄紋時代はチェックリストとして文化要素が羅列される、矛盾を内包した汎文化概念でしかなく、列

島を3つまたはそれ以上に地理的に区分しても、さらなる解体は免れないであろう（大森文化とする場合も大局的には言い換えに近いのではないか）。その同一性を担保しているのは、縄紋土器という「名」のみである（石鏃、竪穴住居、土偶などのほかの文化要素も画期として意義をもつが縄紋土器時代をその要素で置換する意見はいまだ十分な説得力をもっているとはいえない）。縄紋土器がもつとされる主導的位置と土器によって時代が画されるとの主張は、縄紋土器の本質的性格によるのではなく、縄紋研究者の認識的な研究手法による編年体系によって結果的に「縄紋時代」と表現されている。つまり、我々が縄

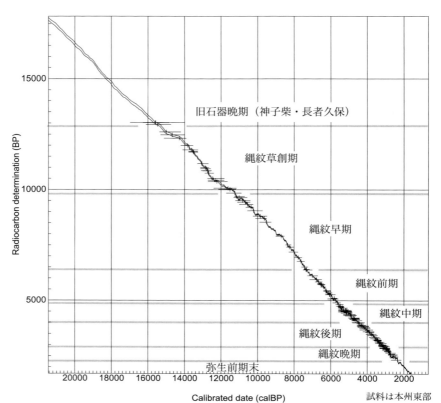

**図49** 縄紋時代の測定データと較正曲線 IntCal13

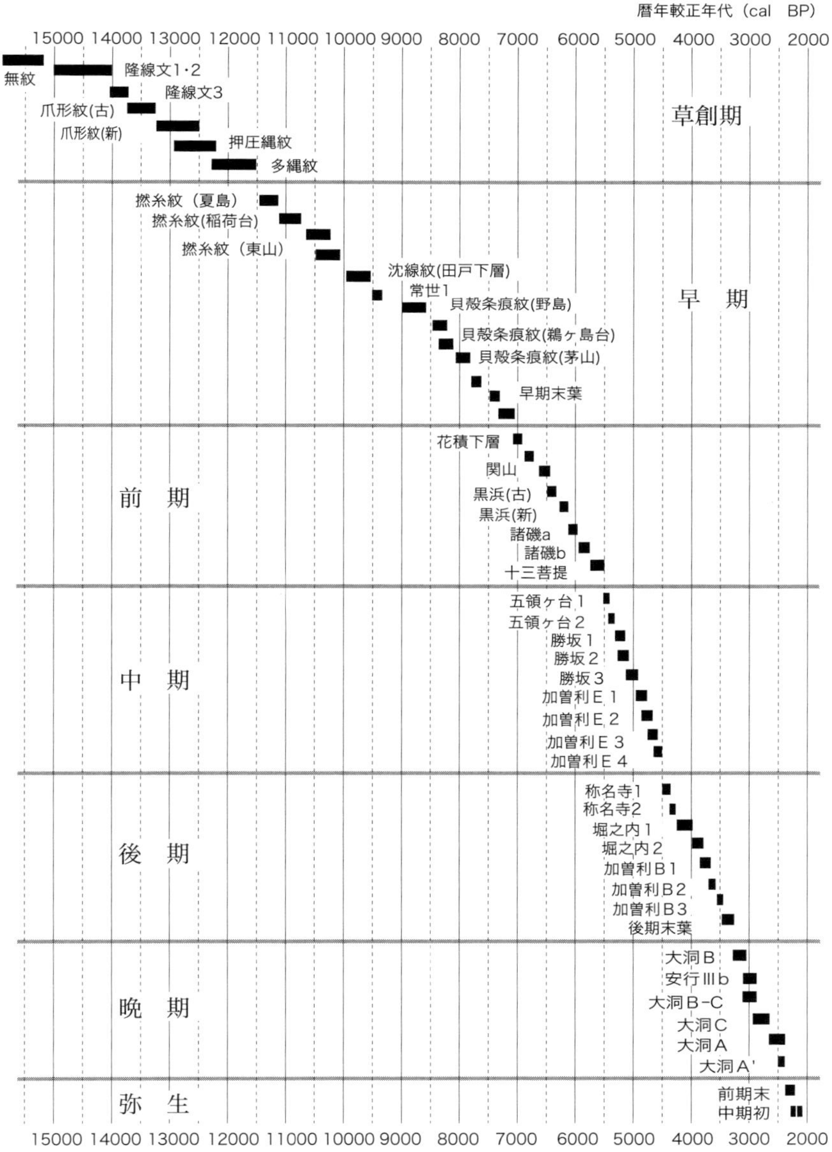

第14講　縄紋文化の年代的再構成　*187*

暦年較正年代（cal BP）

図50　東日本の縄紋時代暦年較正年代（関東・中部・北陸を中心に）

紋土器と呼び編年する限り縄紋土器であり、縄紋文化であるに過ぎないともいえる。

将来における議論のためにも、まずは日本列島に展開していた採集狩猟を中心とした生業を維持していた、新石器文化相当の文化段階である総体としての縄紋文化の時間的枠組みを、年代測定結果を用いて捉えておくことにしたい。

## 第2節　縄紋時代の年代測定研究の展望

$^{14}$C 年代測定を利用した縄紋時代の年代測定研究は、縄紋文化の始まり、発展・展開、弥生文化への移行や、その間における大陸との相互作用について、東アジアの中での位置づけをおこなう上で必要不可欠である。さらに、等間隔な目盛りの時間軸を与えることは、単に年代を測るという以上の、考古学的に興味深い諸問題である土器型式の存続時間の違い、文化要素の広がり、集落の存続期間や断絶の有無、人口動態などについて、時間的側面から論ずることができる材料を与えてくれる。

いうまでもなく、$^{14}$C 年代測定方法の信用性の深化や精度の向上、試料選択から処理・測定に至る問題点の整理、較正曲線の検証と充実がおこなわれていく必要がある。年輪年代の検討や木材試料によるウイグルマッチング、層位的出土例に対する集中的測定などによる、さらに精度の高い測定をおこなっていく必要がある。これからの考古学にとって、$^{14}$C 年代測定は、型式学や層位学と並ぶ、基本的方法論の一つとして位置づけられるべきであり、考古学に関わるものは十二分に理解と実践を経る必要がある。そして、十分に信用に足る測定結果が、現状の数倍以上に達したときには、本書で推定した以上の、より精緻な縄紋時代の暦年代が十分に論ずることができるようになっていると期待できる。

最後に、大別時期ごとの暦年代の現段階での推定値を、あくまで便宜を図る意味で、記しておく[1]（図 49・50）。

**草創期　（隆線文〜多縄紋）**

15540-11345cal BP（13590-9395cal BC）頃の約 4195 年間。

### 縄紋早期（撚糸紋土器群～条痕紋）

11345–7050cal BP（9395–5100cal BC）頃の約 4295 年間。

### 縄紋前期（花積下層式～十三菩提・大木 6・朝日下層式）

7050–5415cal BP（5100–3465cal BC）の約 1635 年間。

### 縄紋中期（五領ヶ台 1 式～加曽利 E 4 式）

5415–4490cal BP（3465–2540cal BC）頃の約 925 年間。

### 縄紋後期（称名寺 1 式～後期安行）

4490–3220cal BP（2540–1270cal BC）頃の約 1270 年間。

### 縄紋晩期（大洞 B 1 式～大洞 A′ 式）

3220–2385cal BP（1270–435cal BC）頃の約 835 年間。


## 註

（1）本書では省略したが、前著（小林 2017a）には巻末に付表として「縄紋土器型
　　式編年と炭素 14 年代・較正年代」として、縄文時代文化研究会（1999）の全国編
　　年表をもとに九州～北海道の土器型式編年と各土器型式の $^{14}$C 年代測定値（複数あ
　　る場合は中間的な代表値）およびその測定値からの較正年代を示した。その中で、
　　誤字および編年的位置づけの再検討について、下記に変更箇所を記したい。
　　　212 頁　南九州　S 2-2 期　健勝城→建昌城
　　　216 頁　南九州　苦浜・天道ヶ尾式を S 7 期から S 8 期上段に移動
　　　216 頁　南九州　S 8 期　塞ノ神・石坂上　を除去
　　　216 頁　北九州　平栂式を S 6 期に移動
　　　227 頁　北九州　夜臼 I・曲り田新　を B 6 期並行から B 5 期並行上段に移動
　　　227 頁　関　東　安行 3b・天神原式→安行 3c・天神原式

# 参 考 文 献

明野村教育委員会　2003『梅之木遺跡Ⅱ』明野村文化財調査報告 15。

安孫子昭二　2011『縄文中期集落の景観』未完成考古学叢書 9、アム・プロモーション。

阿部芳郎　1996「縄文時代のムラと『盛土遺構』─盛り土遺構の形成過程と家屋構造・居住形態─」『歴史手帖』24-8、名著出版。

新井和之　1982「黒浜式土器」『縄文文化の研究』3、雄山閣。

五十嵐　彰　2011「遺構時間と遺物時間の相互関係」『日本考古学』31、日本考古学協会。

石井　寛　1992「称名寺式土器の分類と変遷」『調査研究集録』9、横浜市ふるさと歴史財団。

和泉昭一　1993「鳥野遺跡について」『よねしろ考古』8、よねしろ考古学研究会。

今村啓爾　1985「五領ヶ台式土器の編年─その細分および東北地方との関係を中心に─」『東京大学考古学研究室紀要』4、東京大学文学部考古学研究室。

今村啓爾・吉田格　1972『宮の原貝塚』武蔵野美術大学考古学研究会。

今村峯雄　1999「高精度 $^{14}$C 年代測定と考古学─方法と課題─」『月刊地球』海洋出版

今村峯雄　2000「考古学における $^{14}$C 年代測定　高精度化と信頼に関する諸問題」『考古学と化学をむすぶ』馬淵久夫・富永健編、UP 選書、東京大学出版会。

今村峯雄　2001「縄文～弥生時代移行期の年代を考える─問題と展望─」『第四紀研究』40-6、日本第四紀学会。

今村峯雄　2002「三内丸山遺跡のクリ材の年代測定結果について」『特別史跡三内丸山遺跡年報』5、青森県教育委員会。

今村峯雄　2004「世界の炭素 14 年代測定」『弥生時代の実年代　炭素 14 年代をめぐって』学生社。

今村峯雄　2007「炭素 14 年代較正ソフト RHC3.2 について」『国立歴史民俗博物館研究報告』137

今村峯雄編　2004『縄文時代・弥生時代の高精度年代体系の構築』文部科学省科学研究費平成 13～15 年度基盤研究（A・1）（一般）（課題番号 13308009）。

今村峯雄ほか　2002「AMS $^{14}$C 年代を利用した東日本縄文前期～後期土器・集落の研究」（ほか執筆者：小林謙一・西本豊弘・坂本稔）『日本文化財科学会第 19 回大会研究発表要旨集』日本文化財科学会。

今村峯雄ほか　2003「AMS $^{14}$C 年代測定と土器編年との対比による高精度編年の研究」

（ほか執筆者：小林謙一・坂本稔・西本豊弘）『考古学と自然科学』45。

今福利恵　2004『シンポジウム甲府盆地における中期中葉から後葉への移行期の土器について』『縄文集落研究の新地平3―勝坂から曽利へ―』発表要旨。

今福利恵　2008「勝坂式土器」『縄文土器総覧』小林達雄編、アム・プロモーション。

宇佐美哲也　2010「時間軸の設定―秋留台地域における土器の編年」『前原・大上・北伊奈』あきる野市前原遺跡調査会。

宇津木台地区考古学研究会　2008「シンポジウム『縄文中期集落研究の新地平』記録集」『論集宇津木台』2。

江坂輝彌ほか　1967「愛媛県上黒岩岩陰」（ほか執筆者：岡本健児・西田栄）『日本の洞窟遺跡』平凡社

江原　英　1999「遺構研究　環状盛土遺構」『縄文時代』10、縄文時代文化研究会。

江原英ほか　1997『寺野東遺跡Ⅴ―縄紋時代環状盛土遺構・水場の遺構編―』栃木県埋蔵文化財調査報告第200集、（財）栃木県文化振興事業団。

遠藤香澄　1990『美沢川流域の遺跡群Ⅷ』北海道埋蔵文化財センター調査報告書62。

大内千年　2008「千葉県における小規模集落の分析―中期後葉土器編年に関する補足・市原市中潤ケ広遺跡の事例を手がかりに―」『縄文研究の新地平（続）～竪穴住居・集落調査のリサーチデザイン～』考古学リーダー15、六一書房

大沼忠春　1986『木古内町建川1・新道4遺跡　昭和59・60年度』北海道埋蔵文化財センター調査報告書33。

大野憲司　1990「狐岱遺跡について―1989年の範囲確認調査から―」『秋田県埋蔵文化財センター研究紀要』5。

大村　裕　1994「「縄紋」と「縄文」―山内清男はなぜ「縄紋」にこだわったのか？―」『考古学研究』41-2。

岡本　勇　1989「縄紋文化の起源と貝塚」『考古学ゼミナール　縄文人と貝塚』戸沢充則編、六興出版。

尾嵜大真ほか　2005「日本産樹木による縄文・弥生境界期の炭素14年代較正曲線の作成」（ほか執筆者：坂本稔・今村峯雄・中村俊夫・光谷拓実）『日本文化財科学会第22回大会研究発表要旨集』日本文化財科学会。

尾嵜大真ほか　2007「炭素14年代法による新潟県青田遺跡の年代研究」（ほか執筆者：小林謙一・坂本稔・中村俊夫・木村勝彦・荒川隆史）『名古屋大学加速器質量分析計業績報告書（ⅩⅤⅢ）』名古屋大学年代測定総合研究センター。

小澤政彦　2014「南西関東地方における初期称名寺式土器の分布に関する検討」『東京の遺跡』101、東京考古談話会。

小澤政彦　2018「新刊紹介　小林謙一著『縄紋時代の実年代―土器型式編年と炭素14年代―』」『東京の遺跡』110、東京考古談話会。

小田寛貴・山本直人　2001「縄文土器のAMS$^{14}$C年代と較正年代」『考古学と自然科学』42、日本文化財科学会。

参考文献　*193*

小田寛貴・山本直人　2003「御経塚遺跡の自然科学的分析（二）土器付着炭化物の放射性炭素年代」『野々市町史』資料編1、考古古代・中世、石川県野々市町。

遠部　慎　2009「上黒岩遺跡の押型文土器の炭素14年代測定」（愛媛県上黒岩遺跡の研究）『国立歴史民俗博物館研究報告』154、511-523頁。

遠部　慎　2018「小林謙一「縄紋時代の実年代―土器型式編年と炭素14年代―」」『古代文化』70-2、古代学協会。

遠部慎ほか　2006「貝層堆積過程の復元―貝塚出土試料におけるコンタミネーション―」（ほか執筆者：宮田佳樹・小林謙一・植田弥生）『日本植生史学会第21回大会講演要旨集』。

遠部慎ほか　2007「炭素14年代測定に関するサンプリングの実践と課題―岡山県彦崎貝塚出土炭化材の炭素14年代測定―」（ほか執筆者：宮田佳樹・小林謙一・松崎浩之・田嶋正憲）『国立歴史民俗博物館研究報告』137。

遠部慎ほか　2008「近畿地方におけるアカホヤ前後の縄文土器付着炭化物の年代測定―滋賀県米原市入江内湖遺跡の東海系土器群を中心に―」（ほか執筆者：小林謙一・宮田佳樹）『古代文化』59-4。

遠部慎ほか　2009「竪穴住居覆土における混入の検討」（ほか執筆者：宮田佳樹・小林謙一）『古代』122。

遠部慎ほか　2012「東海地方における縄文時代草創期から早期の土器の炭素14年代測定」（ほか執筆者：宮田佳樹・小林謙一）『国立歴史民俗博物館研究報告』172、国立歴史民俗博物館。

（財）香取郡市文化財センター　2006『志摩城跡・二ノ台遺跡Ⅰ―経営体育基盤整備事業島地区に伴う発掘調査報告書―』（財）香取郡市文化財センター調査報告書99。

（公財）かながわ考古学財団　2017「三廻部東耕地遺跡（秦野市No.125）」「柳川竹上遺跡」「平成29年度発掘調査成果発表会」発表要旨、（公財）かながわ考古学財団・横浜市歴史博物館。

加納　実　1994「加曽利EⅢ・Ⅳ式土器の系統の系統分析」『貝塚博物館紀要』21、千葉市立加曽利貝塚博物館

鎌木義昌・芹沢長介　1967「長崎県福井洞穴」『日本の洞窟遺跡』日本考古学協会洞窟遺跡調査特別委員会、平凡社。

菅頭明日香・酒井英男　2018「考古地磁気年代推定法を用いた最近の研究動向」『考古学ジャーナル』709、ニューサイエンス社。

キーリ、C. T.・武藤康弘　1982「縄文時代の年代」『縄文文化の研究』1、縄文人とその環境、雄山閣。

木越邦彦　1965「縄文時代の研究をめぐる諸問題3　放射性炭素による年代測定」『日本の考古学』Ⅱ、縄文時代、河出書房新社。

木越邦彦　1978『年代を測る―放射性炭素法―』中公新書496、中央公論社。

木村勝彦　2002「縄文時代のクリ材の年輪解析による高精度編年の試み」『特別史跡三

内丸山遺跡年報』5、青森県教育委員会。

木村勝彦ほか　2002「青田遺跡の柱根を用いた年輪年代学的研究」（ほか執筆者：村越健一・中村俊夫）『川辺の縄文集落』財団法人新潟県埋蔵文化財調査事業団設立10周年記念公開シンポジウム「よみがえる青田遺跡」資料集、財団法人新潟県埋蔵文化財調査事業団。

木村勝彦ほか　2014「BC2300年に達する年輪酸素同位体比物差しの構築と三瓶スギ埋没林の暦年代決定」（ほか執筆者：中塚武・小林謙一・角田徳幸）『日本植生史学会第29回大会』。

櫛原功一　2008「曽利式土器」『縄文土器総覧』小林達雄編、アム・プロモーション。

櫛原功一　2014「曽利式土器編年の再検討」『山梨県考古学論集VII　山梨県考古学協会35周年記念論文集』山梨県考古学協会。

工藤雄一郎　2003「更新世終末から完新世移行期における考古学研究の諸問題─環境変遷史と考古学的時間軸の対応関係─」『古代文化』55-6。

工藤雄一郎　2012『旧石器・縄文時代の環境文化史　高精度放射性炭素年代測定と考古学』新泉社。

工藤雄一郎　2015「王子山遺跡の炭化植物遺体と南九州の縄文時代草創期土器群の年代」『国立歴史民俗博物館研究報告』196。

工藤雄一郎編　2013『歴博フォーラム　ここまでわかった！縄文人の植物利用』新泉社。

工藤雄一郎ほか　2007「東京都下宅部遺跡における$^{14}$C年代研究─縄文時代後期から晩期の土器付着炭化物と漆を例として─」（ほか執筆者：小林謙一・坂本稔・松崎浩之）『考古学研究』53-4。

工藤雄一郎ほか　2008「石川県御経塚遺跡から出土した縄文時代後・晩期土器の年代学的研究」（ほか執筆者：小林謙一・山本直人・吉田淳・中村俊夫）『第四紀研究』47-6、日本第四紀学会。

工藤雄一郎ほか　2009「栃木県小山市寺野東遺跡から出土した縄文時代後・晩期の木組遺構の高精度年代測定」（ほか執筆者・小林謙一・江原英）『植生史研究』17-1、日本植生史学会。

國木田　大　2008「縄文時代中・後期の環境変動と人間活動」『日本植生史学会第23回大会講演要旨集』日本植生史学会。

國木田　大　2018「小林謙一著『縄紋時代の実年代　土器型式編年と炭素14年代』」六一書房書評リレー（http://www.book61.co.jp/book_review.php/98）。

國木田大ほか　2006「遺跡の時間情報の解読（II）─炭化材のウイグルマッチング─」（ほか執筆者：吉田邦夫・宮崎ゆみ子・遠藤文・松崎浩之・加藤博文・松田功）『日本文化財科学会第23回大会研究発表要旨集』。

國木田大ほか　2008「東北地方におけるトチノキ利用の変遷」（ほか執筆者：吉田邦夫・辻誠一郎）『環境文化史研究』1。

國木田大ほか　2010「押出遺跡のクッキー状炭化物と大木式土器の年代」（ほか執筆者：吉田邦夫・辻誠一郎・福田正宏）『東北芸術工科大学東北文化研究センター研究紀要』9。

國木田大ほか　2012「三十稲場式土器の年代と食性分析」（ほか執筆者：阿部昭典・吉田邦夫・松崎浩之）『三十稲場式土器文化の世界—4.3ka イベントに関する考古学的現象②—』津南シンポジウム VIII 予稿集、津南学叢書 18、新潟県・津南町教育委員会、信濃川火焔街道連携協議会。

國木田大ほか　2016「大島 2 遺跡の放射性炭素年代および土器付着物を用いた植生復元」（ほか執筆者：熊木俊朗・佐野雄三・守屋亮・山田哲・松崎浩之）『日本文化財科学会第 33 回大会研究発表要旨集』。

黒尾和久　1995「縄文中期集落遺跡の基礎的検討（Ⅰ）—時間軸の設定とその考え方について—」『論集　宇津木台』第 1 集、宇津木台地区考古学研究会。

黒尾和久　2010「前原・大上地区における住居等の変遷と居住形態」『前原・大上・北伊奈』あきる野市前原遺跡調査会。

黒尾和久ほか　1995「多摩丘陵・武蔵野台地を中心とした縄文時代中期の時期設定」（ほか執筆者：小林謙一・中山真治）『シンポジウム縄文中期集落研究の新地平』（発表要旨・資料）縄文中期集落研究グループ。

国立歴史民俗博物館年代測定研究グループ・小林謙一　2008「神奈川県平塚市真田・北金目遺跡群出土試料の $^{14}$C 年代測定」『平塚市真田・北金目遺跡群発掘調査報告書 6』第 3 分冊、真田・北金目遺跡群調査会。

小杉　康　2008「土器型式編年の基礎概念—山内清男・モンテリウス・チャイルド—」『縄文時代の考古学』2、歴史のものさし、同成社。

小林謙一　1986「中部・西関東地方における縄文時代前期末葉～中期初頭階の土器群について」『小黒坂南遺跡群』山梨県東八代郡境川村教育委員会。

小林謙一　1991「縄文早期後葉の南関東における居住活動」『縄文時代』2、縄文時代文化研究会。

小林謙一　1994「縄文時代中期前葉の南多摩中部域」『東京考古』12、東京考古談話会。

小林謙一　1995「南関東地方の五領ケ台式土器群」『第 8 回縄文セミナー　中期初頭の諸様相』縄文セミナーの会。

小林謙一　1997「遺構覆土堆積過程復元のための調査方法—遺跡調査における経験的な層位所見と思いこみ—」『民族考古—大学院論集—別冊　特集号ポストプロセス考古学の射程』慶応義塾大学民族学考古学研究室。

小林謙一　1999a「1998 年の縄文時代学界動向　土器型式編年論　中期」『縄文時代』10、第 4 分冊、縄文時代文化研究会。

小林謙一　1999b「花見山遺跡の縄文草創期土器に触れて」『横浜市歴史博物館紀要』3、横浜市歴史博物館。

小林謙一　2003a「2002 年の縄文時代学界動向　関連科学　年代測定」『縄文時代』

14、縄文時代文化研究会。

小林謙一　2003b「多摩・武蔵野台地縄紋中期集落の文化様相—土器群組成比と炉形態の基礎的分析—」『セツルメント研究』4、セツルメント研究会。

小林謙一　2004a『縄紋社会研究の新視点—炭素14年代測定の利用—』六一書房（2008年新装版、2012年普及版）。

小林謙一　2004b「東日本」『弥生時代の実年代　炭素14年代をめぐって』学生社。

小林謙一　2004c「問題点と課題　試料の選択と前処理」『季刊考古学』88、特集弥生時代の始まり、雄山閣。

小林謙一　2005「付着炭化物のAMS炭素14年代測定による円筒土器の年代研究」『特別史跡三内丸山遺跡年報8　平成16年度』青森県教育庁文化財保護課・三内丸山遺跡対策室。

小林謙一　2006a「縄紋時代研究における炭素14年代測定」『研究報告』133、国立歴史民俗博物館。

小林謙一　2006b「関東地方縄紋時代後期の実年代」『考古学と自然科学』54、日本文化財科学会。

小林謙一　2006c「多摩丘陵・武蔵野台地を中心とした縄文時代中期前葉の時期設定（補）」『セツルメント研究』5。

小林謙一　2007a「縄紋時代前半期の実年代」『国立歴史民俗博物館研究報告』137。

小林謙一　2007b「関東における弥生時代の開始年代」『縄文時代から弥生時代へ』新弥生時代のはじまり第2巻、雄山閣。

小林謙一　2007c「AMS$^{14}$C年代測定試料の検討と縄紋住居居住期間の推定」『考古学研究』54-2。

小林謙一　2008a「年代測定」『縄文時代の考古学』2、同成社。

小林謙一　2008b「縄文土器の年代（東日本）」『総覧縄文土器』小林達雄編、総覧縄文土器刊行委員会。

小林謙一　2008c「AMS$^{14}$C年代測定を利用した竪穴住居跡研究」『縄文研究の新地平（続）～竪穴住居・集落調査のリサーチデザイン～』考古学リーダー15、六一書房。

小林謙一　2008d「日本列島における初期定住居遺構の年代測定研究」『白門考古論叢II』中央大学考古学研究会創設40周年記念論文集、中央考古会・中央大学考古学研究会。

小林謙一　2009「近畿地方以東の地域への拡散」『弥生農耕のはじまりとその年代』新弥生時代のはじまり第4巻、雄山閣。

小林謙一　2011「縄紋時代盛土遺構の炭素14年代測定研究」『中央大学文学部紀要史学』56、中央大学文学部。

小林謙一　2012a「韓国新石器時代隆起文土器と日本縄紋時代早期～前期の年代—蔚山市細竹遺跡出土試料の炭素14年代測定—」『中央大学文学部紀要史学』57、中央大

学文学部。

小林謙一　2012b「縄紋時代竪穴住居跡埋没過程の研究」『国立歴史民俗博物館研究報告』172、国立歴史民俗博物館。

小林謙一　2012c「日本先史・古代竪穴住居の構築材の年代測定による住居構築年の検討」『国立歴史民俗博物館研究報告』176、国立歴史民俗博物館。

小林謙一　2012d「トピックス縄文はいつから？」『じっきょう　地歴・公民科資料』74、実教出版株式会社。

小林謙一　2012e「栃原岩陰遺跡「下部」出土土器の炭素14年代について」『佐久考古通信』111、栃原岩陰遺跡特集号、佐久考古学会。

小林謙一　2013a「山梨県における縄紋時代中期の年代測定研究」『山梨県考古学協会誌』22、山梨県考古学協会。

小林謙一　2013b「まとめ―船橋市取掛西貝塚（5）出土試料の$^{14}$C年代測定結果について―」『千葉県船橋市取掛西貝塚（5）I』船橋市教育委員会。

小林謙一　2014a「弥生移行期における土器使用状況からみた生業」『国立歴史民俗博物館研究報告』185、国立歴史民俗博物館。

小林謙一　2014b「円筒土器文化における文様割付の研究」『特別史跡三内丸山遺跡年報』17、青森県教育委員会。

小林謙一　2015「横浜市内出土縄紋土器付着物の炭素14年代測定研究」『人文研紀要』81、中央大学人文科学研究所。

小林謙一　2016a「AMS$^{14}$C年代測定による縄紋竪穴住居の埋没状況」『日本文化財科学会第33回大会研究発表要旨集』。

小林謙一　2016b「新地平編年とは何か」『シンポジウム縄文研究の地平2016―新地平編年の再構築―発表要旨』縄文研究の地平グループ・セツルメント研究会。

小林謙一　2017a『縄紋時代の実年代―土器型式編年と炭素14年代―』同成社。

小林謙一　2017b「縄紋研究における炭素14年代測定の研究年表」『紀要』史学62（通巻266）中央大学文学部。

小林謙一　2018「神奈川県小田原市内出土試料の炭素14年代測定研究―縄紋時代前期前半・弥生時代中期を中心に―」『人文研紀要』90、中央大学人文科学研究所。

小林謙一　2019予定稿「考古学における年代測定法・同位体分析」『文化情報学事典』勉誠出版。

小林謙一ほか　2002「AMS$^{14}$C年代による縄紋中期土器・集落研究」（ほか執筆者：今村峯雄・西本豊弘・坂本稔）『日本考古学協会第68回総会研究発表要旨』日本考古学協会。

小林謙一ほか　2003a「南関東地方縄文集落の暦年較正年代―SFC・大橋・向郷遺跡出土試料の炭素年代測定」（ほか執筆者：今村峯雄・坂本稔・大野尚子）『セツルメント研究』4、セツルメント研究会。

小林謙一ほか　2003b「野辺地蟹田（10）遺跡出土試料の炭素年代測定」（ほか執筆

者：今村峯雄・坂本稔）『野辺地蟹田（10）遺跡』青森県埋蔵文化財調査センター。

小林謙一ほか　2003c「AMS¹⁴C 年代による縄紋土器型式の変化の時間幅」（ほか執筆者：今村峯雄・坂本稔・西本豊弘）『日本考古学協会第 69 回総会研究発表要旨』日本考古学協会。

小林謙一ほか　2004a「焼町土器の炭素 14 年代と暦年較正」（ほか執筆者：今村峯雄・坂本稔）『国立歴史民俗博物館研究報告』120。

小林謙一ほか　2004b「多摩ニュータウン内 No.243 遺跡出土土器付着物の ¹⁴C 年代測定」（ほか執筆者：今村峯雄・坂本稔・陳建立）『多摩ニュータウン遺跡　No.243・244 遺跡』東京都埋蔵文化財センター調査報告 155。

小林謙一ほか　2004c「青田遺跡出土土器付着試料の ¹⁴C 年代測定」（ほか執筆者：今村峯雄・坂本稔）『青田遺跡　関連諸科学・写真図版編』日本海沿岸東北自動車道関係発掘調査報告書 V、新潟県埋蔵文化財調査報告書第 133 集、財団法人新潟県埋蔵文化財調査事業団。

小林謙一ほか　2004d「鹿児島県西之表市鬼ケ野遺跡出土土器付着物の ¹⁴C 年代測定」（ほか執筆者：今村峯雄・藤尾慎一郎）『鬼ケ野遺跡』西之表市埋蔵文化財発掘調査報告書（14）西之表市教育委員会。

小林謙一ほか　2004e『長野県箕輪町荒城遺跡 2 次調査出土炭化材の炭素 14 年代測定』（ほか執筆者：今村峯雄・坂本稔・松崎浩之）長野県上伊那郡箕輪町教育委員会。

小林謙一ほか　2004f「多摩丘陵・武蔵野台地を中心とした縄文時代中期の時期設定（補）」（ほか執筆者：中山真治・黒尾和久）『シンポジウム縄文集落研究の新地平 3 ─勝坂から曽利へ─』（発表要旨・資料）、縄文集落研究グループ・セツルメント研究会。

小林謙一ほか　2004g「青森県八戸市笹ノ沢（3）遺跡出土土器付着物の ¹⁴C 年代測定」（ほか執筆者：坂本稔・松崎浩之）『笹ノ沢（3）遺跡』372、青森県教育委員会。

小林謙一ほか　2004h「北上市内遺跡出土土器付着物の ¹⁴C 年代測定」（ほか執筆者：坂本稔・陳建立・今村峯雄）『北上市埋蔵文化財年報（2002 年度)』北上市立埋蔵文化財センター。

小林謙一ほか　2004i「東京都御殿山遺跡出土縄紋草創期土器付着物の ¹⁴C 年代測定」（ほか執筆者：坂本稔・尾嵜大真・新免歳靖・村本周三）『井の頭遺跡群　武蔵野市御殿山遺跡』第 2 地区 N 地点、加藤建設株式会社埋蔵文化財調査部。

小林謙一ほか　2005a「稲荷山貝塚出土試料の ¹⁴C 年代測定─層位的出土状況の分析と海洋リザーバー効果の検討のために─」（ほか執筆者：坂本稔・松崎浩之）『縄文時代』16、縄文時代文化研究会。

小林謙一ほか　2005b「北上市内遺跡出土土器付着物の ¹⁴C 年代測定（2)」（ほか執筆者：坂本稔・尾嵜大真・新免歳靖・松崎浩之）『北上市埋蔵文化財年報（2003 年度)』北上市立埋蔵文化財センター。

小林謙一ほか　2005c「神奈川県万福寺 No.1 遺跡出土縄紋草創期土器付着物の ¹⁴C 年代

測定」（ほか執筆者：坂本稔・尾嵜大真・新免歳靖・村本周三）『万福寺遺跡』有明
文化財研究所。

小林謙一ほか　2005d「千葉県間見穴遺跡出土試料の $^{14}$C 年代測定」（ほか執筆者：坂本
稔・尾嵜大真・新免歳靖・松崎浩之）『船橋印西線埋蔵文化財調査報告書4』千葉
県文化財センター調査報告第 506、千葉県文化財センター。

小林謙一ほか　2005e「埼玉県富士見市水子貝塚出土堅果類の $^{14}$C 年代測定」（ほか執筆
者：新免歳靖・坂本稔・松崎浩之・村本周三・早坂廣人）『富士見市立資料館要覧』
富士見市立資料館。

小林謙一ほか　2005f「大和市上野遺跡出土縄紋草創期土器付着物の $^{14}$C 年代」（ほか執
筆者：今村峯雄・春成秀爾）『大和市史研究』31。

小林謙一ほか　2005g「長野県茅野市長峯・聖石遺跡の AMS$^{14}$C 年代測定」（ほか執筆
者：今村峯雄・坂本稔・永嶋正春）『担い手育成基盤整備事業芹ヶ沢地区　国道
229 号線バイパス建設事業　埋蔵文化財発掘調査報告書　聖石遺跡　長峯遺跡　別
田沢遺跡』長野県埋蔵文化財センター発掘調査報告書69、第 1 分冊。

小林謙一ほか　2005h「花巻市上台 I 遺跡出土縄紋草創期土器付着物の $^{14}$C 年代測定」
（ほか執筆者：今村峯雄・坂本稔・陳建立・酒井宗孝）『上台 I 遺跡』（1）花巻市博
物館。

小林謙一ほか　2005i「山形県内遺跡出土試料の $^{14}$C 年代測定」（ほか執筆者：小林圭
一・坂本稔・松崎浩之）『研究紀要』3、山形県埋蔵文化財センター。

小林謙一ほか　2006a「千葉県三直貝塚出土土器付着物の $^{14}$C 年代測定」（ほか執筆者：
坂本稔・松崎浩之）『東関東自動車道（木更津・富津線）埋蔵文化財調査報告書 7
―君津市三直貝塚―』千葉県教育振興財団調査報告 533、千葉県教育振興財団。

小林謙一ほか　2006b「研究報告　岩手県北上市飯島遺跡出土試料の $^{14}$C 年代測定」（ほ
か執筆者：坂本稔・遠部慎・宮田佳樹・松崎浩之）『北上市埋蔵文化財年報（2004
年度）』北上市立埋蔵文化財センター。

小林謙一ほか　2006c「8 岩手県北上市金附遺跡出土試料の $^{14}$C 年代測定」（ほか執筆
者：坂本稔・尾嵜大真・新免歳靖・村本周三・金子昭彦）『金附遺跡発掘調査報告
書』岩手県文化振興事業団埋蔵文化財調査報告書 482、緊急地方道路整備事業関連
遺跡発掘調査　県営ほ場整備事業下門岡地区関連遺跡発掘調査（第 1 分冊　本文、
遺構・分析・考察編）、岩手県北上地方振興局土木部、岩手県北上地方振興局農林
部農村整備室、（財）岩手県文化振興事業団埋蔵文化財センター。

小林謙一ほか　2006d「平成 17 年度　鹿児島県三角山 I 遺跡出土土器付着物の $^{14}$C 年代
測定」（ほか執筆者：尾嵜大真・新免歳靖・遠部慎・松崎浩之）『三角山遺跡群
（3）』鹿児島県立埋蔵文化財センター発掘調査報告書（96）鹿児島県立埋蔵文化
センター。

小林謙一ほか　2006e「竜ヶ崎 A 遺跡出土土器付着物の $^{14}$C 年代測定」（ほか執筆者：
遠部慎・春成秀爾・新免歳靖）『竜ヶ崎 A 遺跡』ほ場整備関係遺跡発掘調査報告書

33-1、滋賀県教育委員会。

小林謙一ほか　2006f「唐古・鍵遺跡、清水風遺跡出土試料の $^{14}$C 年代測定」（ほか執筆者：春成秀爾・今村峯雄・坂本稔・尾嵜大真・新免歳靖・松崎浩之・中村俊夫・藤田三郎）『田原本町文化財調査年報 2004 年度 14』田原本町教育委員会。

小林謙一ほか　2007a「山梨県塚越遺跡の $^{14}$C 年代測定」（ほか執筆者：遠部慎・宮田佳樹・松崎浩之・正木正洋）『研究紀要』23、山梨県立考古博物館・山梨県埋蔵文化財センター。

小林謙一ほか　2007b「流山市三輪野山貝塚における $^{14}$C 年代測定研究」（ほか執筆者：坂本稔・新免歳靖・尾嵜大真・村本周三・小栗信一郎・小川勝和）『研究報告』137 集、国立歴史民俗博物館。

小林謙一ほか　2008a「三内丸山遺跡出土試料の $^{14}$C 年代測定（2006 年度）」（ほか執筆者：坂本稔・西本豊弘・松崎浩之）『特別史跡三内丸山遺跡年報』11、青森県教育委員会。

小林謙一ほか　2008b「土器付着物およびアワ胚乳の $^{14}$C 年代測定」（ほか執筆者：坂本稔・松崎浩之・設楽博己）『中屋敷遺跡発掘調査報告書　南西関東における初期弥生時代遺跡の調査』昭和女子大学人間文化学部歴史文化学科。

小林謙一ほか　2008c「河内地域における弥生前期の炭素 14 年代測定研究」（ほか執筆者：春成秀爾・坂本稔・秋山浩三）『研究報告』139、国立歴史民俗博物館。

小林謙一ほか　2009「北陸地方石川県における縄文晩期から弥生移行期の炭素 14 年代測定研究」（ほか執筆者：福海貴子・坂本稔・工藤雄一郎・山本直人）『研究報告』150、国立歴史民俗博物館。

小林謙一ほか　2010「弁財天池遺跡 4 号住居出土試料の炭素 14 年代測定」（ほか執筆者：坂本稔・（株）加速器分析研究所）『東京都狛江市弁財天池遺跡』共和開発株式会社。

小林謙一ほか　2013「栃木県日光市仲内遺跡出土土器付着物の $^{14}$C 年代測定」（ほか執筆者：坂本稔・片根義幸・合田恵美子）『研究紀要』21、（財）とちぎ未来づくり財団埋蔵文化財センター。

小林謙一ほか　2017「秋田県戸平川・中屋敷 II 遺跡縄紋柱痕（根）の年代比定」（ほか執筆者：木村勝彦・米田穣・高橋学）『日本文化財科学会第 34 回大会研究発表要旨集』。

小林謙一・今村峯雄　2003a「南広間地遺跡出土土器の炭素年代測定」『南広間地遺跡』一般国道 20 号（日野バイパス日野地区）改築工事に伴う埋蔵文化財調査報告書、国土交通省関東地方整備局相武国道工事事務所。

小林謙一・今村峯雄　2003b「上安原遺跡出土土器の炭素年代測定」『上安原遺跡 I』金沢市文化財紀要 182、金沢市埋蔵文化財センター。

小林謙一・今村峯雄　2006「仲内遺跡出土土器付着物の $^{14}$C 年代測定」『仲内遺跡』栃木県埋蔵文化財調査報告書 296、栃木県教育委員会。

小林謙一・遠部慎　2007「岩手県北上市内遺跡出土試料の$^{14}$C 年代測定成果」『北上市埋蔵文化財年報（2005年度）』北上市立埋蔵文化財センター。

小林謙一・遠部慎　2009「上黒岩遺跡の炭化材・貝類の炭素14年代測定」『国立歴史民俗博物館研究報告』154。

小林謙一・工藤雄一郎　2016「韓国蔚山市細竹遺跡における新石器時代の土器付着炭化物の分析」『国立歴史民俗博物館研究報告』200。

小林謙一・工藤雄一郎編　2011『縄文はいつから！？地球環境の変動と縄文文化』新泉社。

小林謙一・小林圭一　2006「山形県内遺跡出土試料の$^{14}$C 年代測定と較正年代の検討」『研究紀要』4、財団法人山形県埋蔵文化財センター。

小林謙一・小林尚子編　2013『中央大学文学部考古学研究室調査報告1　井出上ノ原遺跡2006・2007年度』中央大学文学部。

小林謙一・小林克　2006「秋田県内出土試料の$^{14}$C 年代測定結果について」『研究紀要』20、秋田県埋蔵文化財センター。

小林謙一・坂本稔　2006「志摩城跡出土遺物の自然科学分析　千葉県多古町志摩城遺跡出土土器付着物の$^{14}$C 年代測定」『志摩城跡・二ノ台遺跡 I —経営体育基盤整備事業島地区に伴う発掘調査報告書—』（財）香取郡市文化財センター調査報告書99、財団法人香取郡市文化財センター。

小林謙一・坂本稔　2011「船橋市飛ノ台貝塚出土試料の炭素14年代測定」『飛ノ台史跡公園博物館紀要』8、船橋市飛ノ台史跡公園博物館。

小林謙一・坂本稔　2015「縄紋後期土器付着物における調理物の検討」『国立歴史民俗博物館研究報告』196。

小林謙一・セツルメント研究会　2005『縄文研究の新地平〜勝坂から曽利へ〜』考古学リーダー6、六一書房。

小林謙一・セツルメント研究会編　2008『縄文研究の新地平（続）〜竪穴住居・集落調査のリサーチデザイン〜』考古学リーダー15、六一書房。

小林謙一・茅野嘉雄　2013「二股（2）遺跡出土試料の$^{14}$C 年代と安定同位体比測定による分析」『研究紀要』18、青森県埋蔵文化財センター。

小林謙一・米田穣　2017「さいたま市南鴻沼遺跡出土土器付着物の炭素14年代測定」『南鴻沼遺跡』さいたま市遺跡調査会。

小林青樹　2007「縄文社会の変容と弥生社会の形成」『考古学研究』54-2。

小林達雄　1996『縄文人の世界』朝日新聞社。

小林克　1993「東北北部の続縄紋期の土器」『二十一世紀への考古学―櫻井清彦先生古稀記念論文集―』雄山閣。

坂本稔　2007「安定同位体比に基づく土器付着物の分析」『国立歴史民俗博物館研究報告』137、国立歴史民俗博物館。

坂本稔　2018「書評 小林謙一著『縄紋時代の実年代 土器型式編年と炭素14年代』」

『季刊考古学』143、雄山閣。

坂本稔ほか　2006「大阪府瓜生堂遺跡出土弥生中期木棺の年代」（ほか執筆者：春成秀爾・小林謙一）『国立歴史民俗博物館研究報告』133、国立歴史民俗博物館。

坂本稔・小林謙一　2005「同位体分析による土器付着物の内容検討に向けて」『土器研究の新視点』大手前大学史学研究所。

佐藤和雄　1995『石倉貝塚Ⅰ─函館空港滑走路拡張工事付帯市道中野6号線付替工事用地内埋蔵文化財発掘調査概報』函館市教育委員会。

佐原　真　1987『大系日本の歴史』1、小学館。

佐原真ほか　2000「特別シンポジウム　考古学と年代測定─測定値の意味するところ─」『日本文化財科学会第19回大会研究発表要旨集』日本文化財科学会。

設楽博己　2014「農耕文化複合と弥生文化」『国立歴史民俗博物館研究報告』185。

設楽博己・小林謙一　2004「縄文晩期からの視点」『季刊考古学』88、雄山閣。

設楽博己・小林青樹　2007「板付Ⅰ式土器成立における亀ヶ岡式土器の関与」『新弥生時代のはじまり』2、雄山閣。

下岡順直　2018「ルミネッセンス法」『考古学ジャーナル』709、ニューサイエンス社。

下総考古学研究会　1998「〈特集〉中峠式土器の再検討」『下総考古学』15、下総考古学研究会。

縄文時代文化研究会　1999『縄文時代』10、縄文時代文化研究の100年、縄文時代文化研究会、第1分冊～第5分冊・縄文土器全国編年表。

杉原荘介　1959「縄文文化初頭の夏島貝塚の土器」『科学読売』11-9、読売新聞社。

鈴木克彦　1975「円筒土器文化における土器の廃棄─円筒土器の特有な出土状況について─」『月刊考古学ジャーナル』111、ニューサイエンス社。

芹沢長介　1959「日本最古の文化と縄文土器の起源」『科学』29-8、岩波書店。

芹沢長介　1982『日本旧石器時代』岩波新書209、岩波書店。

高田和徳　1993『御所野遺跡Ⅰ　縄文時代中期の大集落跡』一戸町文化財調査報告書第32集。

高根町遺跡調査会　1996『次郎構遺跡』。

谷口康浩　1999「長者久保文化期の諸問題」『大平山元Ⅰ遺跡の考古学的調査』大平山元Ⅰ遺跡発掘調査団。

谷口康浩　2002a「日本および極東における土器出現の年代」『國學院大學考古学資料館紀要』18、國學院大學考古学資料館。

谷口康浩　2002b「縄文早期のはじまる頃」『異貌』20、共同体研究会。

谷口康浩　2002c「縄文時代6期区分の$^{14}$C年代と較正暦年代─見通しと問題点─」『第1回高精度$^{14}$C年代測定研究委員会公開シンポジウムプログラム』第四紀学会高精度$^{14}$C年代測定研究委員会。

谷口康浩　2011『縄文文化起源論の再構築』同成社。

千葉　毅　2013「関東甲信越地方における称名寺式土器と加曽利ＥⅤ式土器の混在の

様相」『関東甲信越地方における中期／後期―4.3ka イベントに関する考古学的現象③―公開シンポジウム予稿集』。

千葉　豊　2005「2004 年の歴史学界―回顧と展望―縄文」『史学雑誌』114-5。

千葉県教育振興財団　2006『東関東自動車道（木更津・富津線）埋蔵文化財調査報告書7―君津市三直貝塚―』千葉県教育振興財団調査報告 533。

千葉県文化財センター　1981「自然科学の手法による遺跡、遺物の研究 1　年代測定」『研究紀要』6、千葉県文化財センター。

千葉県埋蔵文化財センター　2005『西根遺跡』千葉県文化財センター調査報告 500。

塚本師也　2006「武蔵野台地出土の"大木系土器"について」『セツルメント研究』5、セツルメント研究会

辻　誠一郎　2001「シンポジウム「21 世紀の年代観―炭素年から暦年へ」」『第四紀研究』40-6、日本第四紀学会。

辻　誠一郎　2002「三内丸山遺跡における人と自然の交渉史 III―遺跡の時空間的位置づけと生態的特徴の解明を中心として―」『特別史跡三内丸山遺跡年報』5、青森県教育委員会。

辻誠一郎・中村俊夫　2001「縄文時代の高精度編年：三内丸山遺跡の年代測定」『第四紀研究』40-6、日本第四期学会。

中塚　武　2015「酸素同位体比年輪年代法がもたらす新しい考古学研究の可能性」『考古学研究』62-2。

中島正志・夏原信義　1981『考古地磁気年代推定法』考古学ライブラリー 9、ニューサイエンス社。

永嶋正春　2002「青田遺跡の漆製品・漆用具」『財団法人新潟県埋蔵文化財調査事業団設立 10 周年記念公開シンポジウム「よみがえる青田遺跡」資料集、川辺の縄文集落』財団法人新潟県埋蔵文化財調査事業団。

中村哲也　2005「笹ノ沢（3）遺跡の集落景観」『縄文研究の新地平〜勝坂から曽利へ〜』小林謙一編、六一書房。

中村俊夫ほか　2002「$^{14}$C 年代測定の国際比較研究」（ほか執筆者：小田寛貴・丹生越子・池田晃子・南雅代・高橋治・太田友子）『日本文化財科学会第 19 回大会研究発表要旨集』日本文化財科学会

中村俊夫・岩花秀明　1990「岐阜県諸家遺跡出土の遺物から採取された炭化物とその抽出フミン酸の加速器 $^{14}$C 年代の比較」『考古学と自然科学』22、日本文化財科学会。

中村俊夫・木村勝彦　2004「青田遺跡出土遺物の放射性炭素年代測定―柱根の AMS$^{14}$C 年代測定と 14C ウイグルマッチングを中心にして―」『青田遺跡』新潟県埋蔵文化財調査報告書 133。

中村俊夫・辻誠一郎　1999「青森県東津軽郡蟹田町大平山元 I 遺跡出土の土器破片表面に付着した微量炭化物の加速器 $^{14}$C 年代」『大平山元 I 遺跡の考古学的調査』大平山元 I 遺跡発掘調査団。

中村俊夫・中井信之 1988「名古屋大学タンデトロン加速器質量分析計による 14C 測定の現況」『名古屋大学加速器質量分析計業績報告書』（Ⅰ）、名古屋大学アイソトープ研究センター。

中山真治 2005「勝坂式土器の型式と地域—西関東中部地方の縄文時代中期中葉を中心に」『地域と文化の考古学 1』明治大学文学部考古学研究室編、六一書房。

中山真治 2006「東京（多摩・武蔵野地域）のまとめ」『セツルメント研究』5、セツルメント研究会。

長友恒人 1999『考古学のための年代測定学入門』古今書院。

長沼 孝 1993「集落論 縄文集落の変遷 北海道」『季刊考古学』44、雄山閣。

西田 茂 2003「年代測定値への疑問」『考古学研究』50-3。

西田 茂 2004「ふたたび年代測定値への疑問」『考古学研究』51-1。

西田泰民 2006「炭化物の生成実験」『新潟県立歴史博物館研究紀要』7、新潟県立歴史博物館。

西田泰民ほか 2005「縄文土器・土製品の分析化学に基づく情報の解明」（ほか執筆者：宮尾亨・吉田邦夫・中村大）『特別史跡三内丸山遺跡年報 8 平成 16 年度』青森県教育委員会。

西本豊弘編 2009a『弥生農耕の起源と東アジア—炭素年代測定による高精度編年体系の構築—研究成果報告書』平成 16～20 年度学術創成研究費（課題番号 16GS0118）。

西本豊弘編 2009b『弥生農耕のはじまりとその年代』新弥生時代のはじまり第 4 巻、雄山閣。

韮崎市教育委員会 2001『石之坪遺跡（西地区）』。

年代測定研究グループ（小林謙一・遠部慎）2007「野田貝塚出土試料の $^{14}$C 年代測定」『野田市埋蔵文化財調査報告書』36、野田市教育委員会。

浜田知子 1972「樹輪年代による $^{14}$C 年代の補正」『考古学ジャーナル』69、ニューサイエンス社。

早傘 2004「土器付着炭化物較正炭素年代少考」『アルカ 研究論集』2、株式会社アルカ。

早坂広人ほか 1995『富士見市文化財報告第 46 集 水子貝塚』富士見市教育委員会。

早瀬亮介 2009「発掘調査におけるサンプリングの実践と遺跡形成過程の研究 2」『シンポジウム「第 4 回 年代測定と日本文化研究」』（株）加速器分析研究所。

原寛ほか 2010「椛の湖遺跡採取土器の炭素 14 年代測定」（ほか執筆者：遠部慎・宮田佳樹・村上昇）『古代文化』62-1、古代文化協会。

春成秀爾 1999「日本における土器編年と炭素 14 年代」『国立歴史民俗博物館研究報告』81。

春成秀爾 2001「旧石器時代から縄文時代へ」『第四紀研究』40-6、日本第四紀学会。

春成秀爾 2004「炭素 14 年代と日本考古学」『弥生時代の実年代 炭素 14 年代をめぐって』学生社。

参考文献　*205*

春成秀爾ほか　2003「弥生時代の開始年代―${}^{14}$C 年代の測定結果について―」（ほか執筆者：藤尾慎一郎・今村峯雄・坂本稔）『日本考古学協会第 69 回総会研究発表要旨』日本考古学協会。

藤尾慎一郎　2007a「土器型式を用いたウイグルマッチングの試み」『国立歴史民俗博物館研究報告』137

藤尾慎一郎　2007b「弥生時代の開始年代」『縄紋時代から弥生時代へ』新弥生時代のはじまり第 2 巻、雄山閣

藤尾慎一郎・今村峯雄　2004「炭素 14 年代とリザーバー効果」『考古学研究』200、考古学研究会。

藤森栄一編　1965『井戸尻』長野県富士見町における中期縄文遺跡群の研究、中央公論美術出版。

藤森英二　2012「栃原岩陰遺跡「下部」出土土器の AMS 法による放射性炭素年代測定」『佐久考古通信』111、栃原岩陰遺跡特集号、佐久考古学会。

藤森英二・堤隆　2010『南相木村大師遺跡 2009 年発掘調査の概要』南相木村教育委員会。

北海道埋蔵文化財センター　2003『千歳市キウス 4 遺跡（10）』北海道埋蔵文化財センター調査報告書 187、（財）北海道埋蔵文化財センター。

北杜市教育委員会　2008『梅之木遺跡 VII』北杜市文化財調査報告 26。

北杜市教育委員会　2009『宮尾根 C 遺跡』北杜市文化財調査報告 30。

北杜市教育委員会　2009『向原遺跡』北杜市文化財調査報告 31。

北杜市教育委員会　2011『山崎第 4 遺跡』北杜市文化財調査報告 37。

堀越正行　1995「中央窪地型馬蹄形貝塚の窪地と高まり覚書」『史館』26、史館同人。

松田光太郎ほか　2002『稲荷山貝塚』（ほか執筆者：大塚健一・中村賢太郎）かながわ考古学財団調査報告 131。

馬淵久夫・富永健編　2000『考古学と化学をむすぶ』UP 選書、東京大学出版会。

光谷拓実　2001『年輪年代法と文化財』日本の美術 421、至文堂。

光谷拓実　2007「年輪年代法と歴史学研究」『国立歴史民俗博物館研究報告』137。

御堂島正　2002「2001 年学界動向　関連科学研究」『縄文時代』13、縄文時代文化研究会。

宮入陽介ほか　2011「北海道周辺海域の ${}^{14}$C ローカル海洋リザーバー効果の補正法」（ほか執筆者：横山祐典・松崎浩之）『日本第四紀学会 2011 年大会研究発表要旨』41、日本第四紀学会。

宮田佳樹　2009「遺物にみられる海洋リザーバー効果」『弥生農耕のはじまりとその年代』新弥生時代のはじまり 4、西本豊弘編、雄山閣。

宮田佳樹ほか　2007「竜ヶ崎 A 遺跡出土土器付着炭化物の炭素 14 年代測定結果（補遺）」（ほか執筆者：遠部慎・小島孝修）『財団法人滋賀県文化財保護協会　紀要』20。

村本周三　2007「三内丸山遺跡台地北西端（第27次調査区付近）の遺物包含層形成過程の解明―堆積状況の観察と出土遺物の AMS-$^{14}$C 年代測定―」『特別史跡三内丸山遺跡年報』10。

村本周三　2009「北海道における縄文時代中・後期の「平地住居跡」とその暦年代」『考古学研究』56-2。

村本周三ほか　2007「AMS-$^{14}$C 年代測定を用いた遺跡形成過程推定の取り組み」（ほか執筆者：小林謙一・坂本稔・松崎浩之）『国立歴史民俗博物館研究報告』137集、国立歴史民俗博物館。

矢野健一　2008「縄文時代の編年」『歴史のものさし』縄文時代の考古学2、同成社

山梨県教育委員会　2006『塚越遺跡・炭焼遺跡・井坪遺跡』山梨県埋蔵文化財センター調査報告書第237集。

山梨県埋蔵文化財センター　2005『原町農業高校前遺跡（第2次）』山梨県埋蔵文化財センター調査報告書221。

山内清男　1937「縄文土器型式の細別と大別」『先史考古学』1-1、先史考古学会。

山内清男　1964「縄紋式土器・総論」『日本原始美術』1、縄紋式土器、講談社。

山内清男　1969「縄紋草創期の諸問題」『MUSEUM』224、東京国立博物館・美術出版社。

山内清男・佐藤達夫　1962「縄紋土器の古さ」『科学読売』12-13、読売新聞社。

山本孝司　2006「縄文時代中期編年に関する研究史の断片―「神奈川シンポジウム」を基点として―」『セツルメント研究』5、セツルメント研究会。

山本暉久　1993「縄文時代における竪穴住居の廃絶と出土遺物の評価」『21世紀への考古学―桜井清彦先生古稀記念論文集―』雄山閣。

山本直人　1999「関連科学研究　放射性炭素年代測定法」『縄文時代』10、縄文時代文化研究会。

山本直人　2008「縄文土器の年代（西日本）」『総覧縄文土器』小林達雄編、総覧縄文土器刊行委員会。

山本直人　2018「小林謙一著『縄紋時代の実年代』」『日本考古学』46、日本考古学協会。

山本典幸　2008「五領ヶ台式土器」『総覧縄文土器』小林達雄、アム・プロモーション。

八幡一郎ほか　1973『貝の花貝塚』（ほか執筆者：岩崎卓也・関根孝夫）松戸市文化財調査報告第4集、松戸市文化財審議会。

吉田　格　1960『称名寺貝塚調査報告書』武蔵野郷土館調査報告書1、武蔵野郷土館。

吉田邦夫　2002「放射性炭素年代―道具からの脱却―」『日本考古学協会第68回総会研究発表要旨』日本考古学協会。

吉田邦夫　2004「火炎土器に付着した炭化物の放射性炭素年代」『火炎土器の研究』同成社

吉田邦夫　2006「炭化物の安定同位体分析」『新潟県立歴史博物館研究紀要』7、新潟県

立歴史博物館。

吉田邦夫・大道純太郎　2005「関山式土器の年代測定」『風早遺跡第3次調査馬場遺跡第4次調査』庄和町遺跡調査会報告書11。

吉田邦夫・西田泰民　2009「考古科学が探る火炎土器」『火炎土器の国』新潟日報事業社。

米田　穣　2002「古人骨の化学分析から見た先史人類集団の生業復元」『先史狩猟採集文化研究の新しい視野』国立民族学博物館調査報告33、佐々木史郎編。

米田　穣　2003「考古学資料の海洋リザーバー年代は何を語るか？」『第2回高精度 $^{14}$C 年代測定研究委員会公開シンポジウムプログラム』第四紀学会高精度 $^{14}$C 年代測定研究委員会。

米田　穣　2004「炭素・窒素同位体による古食性復元」『環境考古学ハンドブック』安田喜憲編、朝倉書店。

米田　穣　2007「日本人の起源　5　北海道に暮らした人びとの食生活―北海道の続縄文文化と本州の弥生文化―」『生物の科学　遺伝』61-2。

渡辺直経　1966「縄文および弥生時代の C$^{14}$ 年代」『第四紀研究』5-3、5-4、日本第四紀学会。


Arnold, J. R. and W. F. Libby 1949 Age Determination by Radiocarbon Content: Checks with Samples of Known Age. *Science* 110 American Association for the Advancement of Science.

Bronk Ramsey, C. 2001 Development of the radiocarbon calibration program OxCal. *Radiocarbon* 43 （2A）, 355–363.

Bronk Ramsey, C. 2009 Bayesian analysis of radiocarbon dates. *Radiocarbon* 51 （1）, 337–360.

Bronk Ramsey, C., & Lee, S. 2013. Recent and Planned Developments of the Program OxCal. *Radiocarbon* 55 （2–3）, 720–730.

Crane, H. R. and J. B. Griffin 1960 University of Michigan Radiocarbon Dates V. *Radiocarbon Supplement* 2, Yale University

Buck, C. E., Litton, C. D., & Smith, A. F. M. 1992 Calibration of Radiocarbon Results Pertaining to Related Archaeological Events. *Journal of Archaeological Science* 19 （5）, 497–512.

Dale, W. S. A. 1987 The Shroud of Turin: Relic or Icon? Nuclear Instruments and Methods in Physics Research B29, *Accelerator Mass Spectrometry* 187–192 North-Holland.

Kigoshi, K., Y. Tomikura and K. Endo 1962 Gakushuin Natural Radiocarbon Measurements I, *Radiocarbon* 4 Yale University.

Libby, W. F. 1951 Radiocarbon Dates, Ⅱ, *Science* 114, American Association for the

Advancement of Science.

Libby, W. F. 1955 Radiocarbon Dating (2nd ed.), Univ. Chicago Press.

Lowe, J. J. & Walker, M. J. C. 2000 Radiocarbon Dating the Last Glacial-Interlacial Transition (Ca.14–9 14C ka BP) in Terrestrial and Marine Records: The Need for New Quality Assurance Protocols. *Radiocarbon* 42.

Nakamura, T., Nishida, I., Takada, H., Okuno, M., Minami, M. and Oda, H. 2007 Marine reserver effect deduced from 14C dates on Marine shells and terrestrial remains at archeological sites in Japan. *Nuclear Instruments and Methods in Physics B* vol. 259.

Reimer, Paula J., Baillie, Mike G. L., Bard, Edouard, Bayliss, Alex, Beck, J Warren, Bertrand, Chanda J. H., Blackwell, Paul G., Buck, Caitlin E., Burr, George S., Cutler, Kirsten B., Damon, Paul E., Edwards, R Lawrence, Fairbanks, Richard G., Friedrich, Michael, Guilderson, Thomas P., Hogg, Alan G., Hughen, Konrad A., Kromer, Bernd, McCormac, Gerry, Manning, Sturt, Ramsey, Christopher Bronk, Reimer, Ron W., Remmele, Sabine, Southon, John R., Stuiver, Minze, Talamo, Sahra, Taylor, F. W., van der Plicht, Johannes, Weyhenmeyer, Constanze E. 2004 IntCal04 Terrestrial Radiocarbon Age Calibration, 0–26 Cal Kyr BP, *Radiocarbon* 46 (3).

Reimer, P. J., E. Bard, A. Bayliss, J. W. Beck, P. G. Blackwell, C. Bronk Ramsey, C. E. Buck, H. Cheng, R. L. Edwards, M. Friedrich, P. M. Grootes, T. P. Guilderson, H. Haflidason, I. Hajdas, C. Hatte, T. J. Heaton, D. L. Hoffmann, A. G. Hogg, K. A. Hughen, K. F. Kaiser, B. Kromer, S. W. Manning, M. Niu, R. W. Reimer, D. A. Richards, E. M. Scott, J. R. Southon, R. A. Staff, C. S. M. Turney, and J. van der Plicht 2013 IntCal13 and Marine13 radiocarbon age calibration curves 0–50,000 years cal BP. *Radiocarbon* 55 (4), 1869–1887.

Steier, P., & Rom, W. 2000 The use of Bayesian statistics for C-14 dates of chronologically ordered samples: A critical analysis. *Radiocarbon* 42 (2), 183–198.

Stuiver, M., Reimer, P. J., Bard, E., Back, J. W., Burr, G/S., Hughen, K. A., Kromer, B., McCormac, G., Van der Plicht, J. and Spurk, M. 1998 INTCAL98 Radiocarbon age calibration, 24,000–0 cal BP. *Radiocarbon* 40 (3).

Ward, G. K., & Wilson, S. R. 1978 Procedures for Comparing and Combining Radiocarbon Age-Determinations - Critique. *Archaeometry* 20 (FEB), 19–31.

# 初 出 一 覧

※ 前著は『縄紋時代の実年代―土器型式編年と炭素 14 年代―』（小林 2017a）を指す。

**第 1 講**
　新稿
**第 2 講**
　・小林謙一　2004（「炭素 14 年代測定にもとづく関東地方縄紋時代中期文化の研究」
　　学位論文：総合研究大学院大学）の附編 1 を基とした前著 1 章 2 節。
**第 3 講**
　**第 1 節**
　・小林謙一　2004「問題点と課題　試料の選択と前処理」『季刊考古学』88、特集 弥
　　生時代の始まり』雄山閣を改変。
　**第 2 節**
　・前著 3 章 2 節、4 章 4 節、5 章 3 節を再編成。
**第 4 講**
　**第 1 節**
　　新稿
　**第 2 節**
　以下を基とした前著 1 章 3 節を再編集。
　・小林謙一　2014「弥生移行期における土器使用状況からみた生業」『国立歴史民俗
　　博物館研究報告』185、国立歴史民俗博物館、283-347 頁。
**第 5 講**
　以下を基に再構成した前著 1 章 1 節。
　・小林謙一　2006「縄紋時代研究における炭素 14 年代測定」『国立歴史民俗博物館研
　　究報告』133、国立歴史民俗博物館。
　・小林謙一　2017「縄紋研究における炭素 14 年代測定の研究年表」『紀要』史学 62
　　号、中央大学文学部。
**第 6 講**
　以下を基にした前著 2 章を再構成。
　・小林謙一　2007「縄紋時代前半期の実年代」『国立歴史民俗博物館研究報告』137、
　　365-387 頁、国立歴史民俗博物館。
　・小林謙一　2012「韓国新石器時代隆起文土器と日本縄紋時代早期～前期の年代―蔚
　　山市細竹遺跡出土試料の炭素 14 年代測定―」『中央大学文学部紀要史学』57、中央

大学文学部。

## 第7講

以下を基にした前著3章を再構成。

・小林謙一　2016「新地平編年とは何か」『シンポジウム縄文研究の地平 2016―新地平編年の再構築―発表要旨』縄文研究の地平グループ・セツルメント研究会の一部。

・小林謙一　2013「山梨県における縄紋時代中期の年代測定研究」『山梨県考古学協会誌』22、山梨県考古学協会、123-139 頁の一部。

・小林謙一　2015「横浜市内出土縄紋土器付着物の炭素 14 年代測定研究」『人文研紀要』81、中央大学人文科学研究所の一部。

## 第8講

以下を基にした前著4章を再構成。

・小林謙一　2006「関東地方縄文時代後期の実年代」『考古学と自然科学』54、日本文化財科学会、13-33 頁。

## 第9講

以下を基にした前著5章を再構成。

・小林謙一　2007「関東における弥生時代の開始年代」『新弥生時代のはじまり』2、西本豊弘編、雄山閣、52-62 頁。

## 第10講

以下を基とした前著6章4節2.を再構成。

・小林謙一　2012「トピックス縄文はいつから？」『じっきょう 地歴・公民科資料』74、実教出版株式会社。

## 第11講

### 第1節

前著6章4節3.

### 第2節

以下を基とした前著6章2節を再構成。

・小林謙一　2008「AMS$^{14}$C 年代測定を利用した竪穴住居跡研究」『縄文研究の新地平（続）～竪穴住居・集落調査のリサーチデザイン～』考古学リーダー 15、六一書房の2.および5.

〔井出上ノ原遺跡〕

・小林謙一　2012「縄紋時代竪穴住居跡埋没過程の研究」『国立歴史民俗博物館研究報告』172、国立歴史民俗博物館。

・小林謙一・坂本稔・大網信良　2013「井出上ノ原遺跡 45 号住居出土試料の炭素 14 年代測定」『中央大学文学部考古学研究室調査報告 1　井出上ノ原遺跡 2006・2007 年度』小林謙一・小林尚子編、中央大学文学部。

〔水子貝塚〕

初出一覧　*211*

・小林謙一　2016「AMS$^{14}$C 年代測定による縄紋竪穴住居の埋没状況」『日本文化財科学会第 33 回大会研究発表要旨集』。

## 第 12 講

以下を基とした前著 6 章 3 節を再構成。

・小林謙一　2011a「縄紋時代盛土遺構の炭素 14 年代測定研究」『中央大学文学部紀要史学』56、中央大学文学部。

## 第 13 講

以下を基とした前著 6 章 4 節 4. を再構成。

・小林謙一　2007「関東における弥生時代の開始年代」『新弥生時代のはじまり』2、西本豊弘編、雄山閣。

## 第 14 講

### 第 1 節

・前著 6 章 4 節 1.

### 第 2 節

・前著 6 章 1 節 7.

## お わ り に


　本書は、国立歴史民俗博物館で年代測定研究に参加した 2002 年以来、中央大学に所属しながら歴博の研究チームをはじめ多くの方々と共同研究を進めてきた現在までに、私が発表してきた論考に手を加えて再構成したものである。

　なお、年代側定の測定値については、膨大な数にのぼるため本書には掲載せず、中央大学小林研究室の HP に一覧表を掲載することとした。

　本書で用いたデータは試料番号と測定機関番号の２つがそれぞれ付されており、さらに試料によっては報告者によって報告書の図版番号や取りあげ No. などが付されている。本書では原則的に試料番号で記述したが、時に機関番号で記されている場合がある。試料番号は、県別（たとえば山梨県の場合は YN または Y とした）および市町村や機関別に付した試料記号と番号の組み合わせによる試料番号、さらに土器内外から採取した場合は内面に a、外面に b の符号を付してある。炭素 14 年代測定結果を示す場合には、ラボ・コード（測定機関番号：Beta、PLD、IAAA、MTC、YU、NUTA、TKA）で記述した場合がある。測定値や較正年代の記載は、$1\sigma$ の測定誤差を ± で付した炭素 14 年代値（$^{14}$C BP）、AMS による同位体効果補正用の $\sigma^{13}$C 値（‰、測定誤差を付す、なお試料自体の $\sigma^{13}$C 値とは異なる）、質量分析計による安定同位体比として $\delta^{13}$C 値（‰）、$\delta^{15}$N 値（‰）、炭素量（%）。窒素量（‰）、試料量不足による不正確な安定同位体比・炭素窒素量の測定にはその旨注記、較正年代として IntCal13（順次置き換えているが、一部のデータでは IntCal04（2008 年度測定分まで）または 09（2012 年度測定分まで）の場合がある）による $2\sigma$ の範囲での較正年代値（cal BP：1950 年起点で何年前）を付した場合もある。

　本書で分析に用いたデータは 2016 年度までの測定例を主とする。安定同位体比のみの測定試料も含まれ必ずしもすべて年代値が出たのではなく、同一試料の再測定なども含むが、草創期 359 例、早期 484 例、前期 448 例、中期 661 例、後期 644 例、晩期 691 例、計 3287 測定例を集成した。その結果から、縄

紋文化とされる時代は隆線文成立期の 15540cal BP 頃から東北地方の大洞 A′
式終末の 2385cal BP 頃まで、約 13155 年間、おおよそ 13000 年と考える。

　本文中でも何度か記したが、日本列島の範囲での縄紋時代と総称される日本
列島新石器時代相当の地域文化群全体での時間的枠組みを目指しているという
ものの、実際は東日本の一部を検討しているに過ぎず、それすらも型式ごとの
実年代が確定したとは到底いえない。関東・東北・中部および北陸などのデー
タはある程度集成し、また縄紋に関しては多数の $^{14}$C 年代測定を実際におこな
ってきたと考えているが、そのデータを学界で共有するために公開する準備を
おこない、その成果を用いて実年代推定を進めていく方法を模索し、ケースワ
ークとして推定年代を仮設して、列島先史時代における通期的な年代組列の足
がかりを示し得たかと考えるに過ぎない。

　ウイグルマッチングをはじめ $^{14}$C 年代測定値の集積をさらに進めると同時
に、年輪年代や酸素同位体比、ルミネッセンス法、古地磁気測定など、様々な
年代測定法を組み合わせ、土器編年研究や遺跡発掘調査と密接に連関させなが
ら、高精度な実年代体系を構築したい。同時に、土器型式の時間、遺構や遺跡
の時間、文化変化や伝播に関わる時間を、相対序列だけではなく暦年代で分析
することで、考古学的な物質文化の性格を、より具体的に解明する手掛かりと
したいと考える。今後とも、年代測定研究を進めていきたい。

　なお、本書は前著（2017a）を基としており、用いた成果に係わる研究資金
は前著に準ずるが、一部にその後の成果として次に挙げる研究資金による成果
を含む。

　2018 年〜（継続）日本学術振興会・科学研究費補助金基盤研究（B）（代表
小林謙一）「東アジア新石器文化の実年代体系化による環境変動と生業・社会
変化過程の解明」、2017 年〜（継続）基盤研究（S）（代表中塚武）「年輪酸素
同位体比を用いた日本列島における先史暦年代体系の再構築と気候変動影響評
価」、2018 年〜（継続）基盤研究（B）「高精度 $^{14}$C 年代測定にもとづく先史時
代の人類活動と古環境の総合的研究」（代表工藤雄一郎）、2018 年中央大学特
定課題研究「縄紋集落のセツルメント研究」（小林謙一）、国立歴史民俗博物館
平成 30 年度共同利用型共同研究「縄紋土器付着物の放射性炭素年代測定研究
―西日本縄文後晩期の実年代の確定へ向けて―」（小林謙一・坂本稔）、（公財）

おわりに　215

福島市振興公社「平成30年度和台遺跡確認調査における詳細調査及び年代分析業務」（小林謙一）。

　本書を草するにあたり、多くの方々のご協力と援助を得ている。前著に対して、多くの貴重な意見を頂いた（坂本2018、遠部2018、小澤2018、國木田2018など）。山本直人氏には前著への書評（山本2018）で有益な指摘を頂き、いくつかの点は本書に取り入れることができた。前著と同じく国立歴史民俗博物館年代測定の共同研究および今村峯雄、西本豊弘、春成秀爾、藤尾慎一郎、設楽博己、永嶋正春、小林青樹、尾嵜大真、松崎浩之、村本周三ほか多くの共同研究成果を含む。また、新たな年代測定を共同研究者の中塚武、坂本稔、遠部慎、工藤雄一郎、箱崎真隆、木村勝彦、米田穣ほか各氏の協力でおこなっている。資料提供者・関係機関については枚挙にいとまがないため、個別のレポートでの謝意の表記に留めたい。

　今回、改めての出版を企画してくださった同成社および本書の編集・校正を担当いただいた三浦彩子、新たにイラストや図版を作成してくれた小林尚子の各氏に感謝します。

　　2019年2月

　　　　　　　　　　　　　　　　　　　　　　　　小 林 謙 一

# 縄紋時代の実年代講座
じょうもん じ だい じつ ねん だい こう ざ

■著者略歴■

小林謙一（こばやし・けんいち）

1960 年、神奈川県生まれ。
慶應義塾大学大学院文学研究科修士課程修了、総合研究大学院大学文化
科学研究科博士後期課程修了。博士（文学）。
慶應義塾大学埋蔵文化財調査室、目黒区大橋遺跡調査会、金沢大学埋蔵
文化財調査センター、国立歴史民俗博物館を経て、
現在、中央大学文学部教授。

〔主要著書〕

『縄紋社会研究の新視点―炭素 14 年代測定の利用―』六一書房、2004
年。『縄紋文化のはじまり 上黒岩岩陰遺跡』（シリーズ遺跡を学ぶ 70）
新泉社、2010 年。『発掘で探る縄文の暮らし 中央大学の考古学』（125
ライブラリー 003）中央大学出版部、2011 年。『縄文はいつから!?　地
球環境の変動と縄文文化』（共編著）新泉社、2011 年。『縄文時代の食
と住まい』（ものが語る歴史 32、編著）同成社、2016 年。『縄紋時代の
実年代―土器型式編年と炭素 14 年代―』同成社、2017 年。

2019 年 5 月 20 日発行

| | |
|---|---|
| 著　者 | 小　林　謙　一 |
| 発行者 | 山　脇　由紀子 |
| 印　刷 | ㈱理　想　社 |
| 製　本 | 協栄製本㈱ |

発行所　東京都千代田区飯田橋 4-4-8　㈱同成社
　　　　（〒102-0072）東京中央ビル
　　　　TEL　03-3239-1467　振替　00140-0-20618

©Kobayashi Kenichi 2019. Printed in Japan
ISBN978-4-88621-815-5 C3021